安全管理实用丛书

商场超市
经营与安全管理必读

杨 剑　戴美亚　等编著

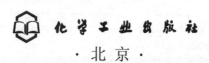

化学工业出版社

·北京·

本书是介绍商场超市经营与安全管理的专著，内容包括商场超市经营与安全管理概述、商场超市卖场作业及安全管理、商场超市仓储作业与安全管理、商场超市设备维护与安全管理、商场超市消防安全管理、商场超市卫生要求及安全管理、商场超市治安管理、商场超市公共安全管理、商场超市突发事件应急处理等9章，系统地介绍了有关商场超市经营与安全管理的职责、方法和技巧。

本书的主要特色是内容系统、全面、实用，实操性强。书中各章节还配备了大量的图片和管理表格，其流程图和管理表格可以直接运用于具体实际工作中。

本书是商场超市进行内部培训和从业人员自我提升能力的常备读物，也可作为大专院校相关专业的教材。

图书在版编目（CIP）数据

商场超市经营与安全管理必读/杨剑等编著 . —北京：
化学工业出版社，2017.11
（安全管理实用丛书）
ISBN 978-7-122-30773-6

Ⅰ.①商…　Ⅱ.①杨…　Ⅲ.①商场-经营管理②超市-经营管理③商场-安全管理④超市-安全管理　Ⅳ.①F717

中国版本图书馆 CIP 数据核字（2017）第 250706 号

责任编辑：王听讲　　　　　　　　装帧设计：王晓宇
责任校对：王　静

出版发行：化学工业出版社（北京市东城区青年湖南街 13 号　邮政编码 100011）
印　　装：北京云浩印刷有限责任公司
710mm×1000mm　1/16　印张 13½　字数 226 千字　　2018 年 1 月北京第 1 版第 1 次印刷

购书咨询：010-64518888（传真：010-64519686）　　售后服务：010-64518899
网　　址：http://www.cip.com.cn
凡购买本书，如有缺损质量问题，本社销售中心负责调换。

定　　价：43.00 元

前言
FOREWORD

2009 年 6 月 27 日，上海市闵行区一幢 13 层在建商品楼倒塌；2013 年 11 月 22 日，山东青岛市发生震惊全国的"11·22"中石化东黄输油管道泄漏爆炸特别重大事故；2015 年天津市滨海新区 8·12 爆炸事故；2017 年 6 月 5 日山东临沂液化气罐车爆炸事故……这些事故触目惊心，历历在目！像上述这样的安全事故，全国每年都会发生很多起，这些事故造成了大量的经济损失和人员伤亡。

由于当前我国安全生产的形势十分严峻，党中央把安全生产摆在与资源、环境同等重要的地位，提出了安全发展、节约发展、清洁发展，实现可持续发展的战略目标，把安全发展作为一个重要理念，纳入到社会主义现代化建设的总体战略中。当前，我国安监工作面临着压力大、难度高、责任重的挑战，已经成为各级政府、安监部门、企业亟待解决的重要问题。

安全生产是一个系统工程，是一项需要长期坚持解决的课题，涉及的范围非常广，涉及的领域也比较多，跨度比较大。为了提升广大职工的安全意识，提高企业安全管理的水平，为了减少安全事故的发生，更为了减少人民生命的伤亡和企业财产的损失，我们结合中国的实际情况，策划编写了"安全管理实用丛书"。

任何行业、任何领域都需要进行安全管理，当前安全问题比较突出的是，建筑业、物业、酒店、商场超市、制造业、采矿业、石油化工业、电力系统、物流运输业等行业、领域。为此，本丛书将首先出版《建筑业安全管理必读》《物业安全管理必读》《酒店安全管理必读》《商场超市经营与安全管理必读》《制造业安全管理必读》《矿山安全管理必读》《石油与化工业安全管理必读》《电力系统安全管理必读》《交通运输业安全管理必读》《电气设备安全管理必读》《企业安全管理体系的建立（标准·方法·流程·案例）》11 种图书，以后还将根据情况陆续推出其他图书。

本丛书的主要特色是内容系统、全面、实用，实操性强，不讲大道理，少讲理论，多讲实操性的内容。同时，书中将配备大量的图片和管理表格，许多流程图和管理表格都可以直接运用于实际工作中。

《商场超市经营与安全管理必读》将从实际操作与管理的角度出发，对商场超市安全管理进行详细的论述。该书共分 9 章，主要包括：商场超市经营与安全管理概述、商场超市卖场作业及安全管理、商场超市仓储作业与安全管理、商场超市设备维护与安全管理、商场超市消防安全管理、商场超市卫生要求及安全管理、商场超市治安管理、商场超市公共安全管理、商场超市突发事件应急处理等内容。

如果想提升商场超市经营与安全管理水平，就需要在预防上下工夫，强化商场超市经营与安全管理的教育培训，提高个人和公司整体的安全专业素质。 本书是商场超市进行内部培训和从业人员自我提升能力的常备读物，也可作为大专院校相关专业的教材。

　　本书主要由杨剑、戴美亚等编著，在编写过程中，水藏玺、吴平新、刘志坚、王波、赵晓东、蒋春艳、胡俊睿、邱昌辉、贺小电、张艳旗、金晓岚、黄英、杨丽梅、许艳红、布阿吉尔尼沙·艾山等同志也参与了部分编写工作，在此表示衷心的感谢！

　　衷心希望本书的出版，能真正提升商场超市管理人员的安全意识和服务水平，成为商场超市管理人员和从业人员的职业培训必读书籍。 如果您在阅读中有什么问题或心得体会，欢迎与我们联系，以便本书得以进一步修改、完善，联系邮箱是：hhhyyy2004888@ 163. com。

编著者

2017 年 10 月于深圳

目录
CONTENTS

第五章　商场超市消防安全管理

第六章　商场超市卫生要求及安全管理

第七章　商场超市治安管理

第八章　商场超市公共安全管理

第九章　商场超市突发事件应急处理

参考文献

第一章　商场超市经营与安全管理概述

商场超市安全管理，是指商场超市本身，以及来场顾客、本场员工的人身和财物，在卖场所控制的范围内不受侵害，保持卖场内部良好的生活秩序、工作秩序、公共场所秩序。

本章首先就商场超市安全管理的含义、范围和重要性进行阐述，接着就商场超市公共安全管理和内部安全管理的内容及商场超市安全部门的设置进行介绍，最后就商场超市经营与安全管理的要点、工作原则等进行简单论述，以使读者能够对商场超市经营与安全管理有一个基本的认识。

第一节　商场超市安全管理内涵

一、商场超市安全管理的含义

（一）商场超市安全

商场超市安全是指不存在引发遭受侵害的因素，即卖场安全状态是一种既没有危险，也没有发生危险的可能的一种状态。因为，有些因素会在一定条件、一定场合、一定时间内突然引发危险，从而造成人身伤亡和财产损失，所以，卖场安全就是在卖场内排除一切危险以及潜在的危险因素。总之，商场超市安全是把卖场的各方面的安全因素作为一个整体加以反映，而不是单指某一个方面的安全。

（二）商场超市安全管理

> 所谓商场超市安全管理，是指商场超市本身，以及来场顾客、本场员工的人身和财物，在卖场所控制的范围内不受侵害，保持卖场内部良好的生活秩序、工作秩序、公共场所秩序。

二、商场超市安全管理的范围

商场超市安全管理是经营零售业行政管理的重点工作之一，若零售店有陈列高级进口商品，如高级服饰、珠宝、水晶、手表等，安全管理的重要性就更加明显。

商场超市安全管理涵盖的范围相当广泛，其安全管理重点是维护卖场要害部位的安全，检查和督促卖场其他方面的安全工作。商场超市安全管理重点分列如下：

① 防止偷窃；

② 顾客取闹处理；

③ 防止抢劫；

④ 顾客抱怨处理；

⑤ 防止诈骗；

⑥ 群众运动的处理；

⑦ 顾客损毁商品的处理；

⑧ 地痞流氓勒索恐吓的处理；

⑨ 淹水处理；

⑩ 台风处理；

⑪ 仓库管理；

⑫ 员工个人安全注意事项；

⑬ 各部门钥匙管理；

⑭ 员工、来宾及厂商出入管理；

⑮ 贵重商品处理；

⑯ 物品放行办法。

要达到卖场安全，减少或避免商品损失或各项金钱损失，可利用电子标签、保全人员、商品定期盘点、监视器、POS 系统、员工管理、防盗警报器等方式来协助完成，在推动和执行店内安全计划时，必须评估是否会造成员工忠诚度的冲击，影响顾客购物的舒适，以及与厂商的相互关系。

三、商场超市安全管理的重要性

商场超市是人流聚集的公共场所，卖场现金交易形态所带来的庞大现金流，以及任何人均可自由出入宽广开阔的卖场空间，使安全管理具有特别重要的意义。

1. 确保消费者购物的安全

商场超市在满足消费者的购物需求的同时，还必须为消费者提供一个安全舒适的购物环境。一个安全管理良好的卖场，可以让消费者以轻松的心情购物和休闲。通常卖场的顾客人数众多，不仅涵盖了所有的年龄层，其购物时间也从几分钟到数小时不等。因此，从消费者踏进卖场的那一刻起，商场超市就有责任保障消费者财产的安全。

2. 为员工提供安全的工作环境

整个商场超市的安全作业设备的完善与否，与员工的身体健康和生命有着紧密联系。良好的卖场安全管理，除了可以为员工提供安全的工作环境，减少工作上的焦虑和压力，进而提高员工的工作效率，同时可以借此使员工树立正确的安全管理观念，确保卖场安全，两者其实是互为因果的关系。

3. 减少卖场财产损失

发生任何意外和灾难，商场超市经营者除了必须面对卖场装潢、设备、商品被破坏所带来的财物损失外，可能还必须支付员工、顾客等众多直接受害者的庞大赔偿金。

4. 维持良好的社区关系

由于商场超市进出货的作业方面不仅规模较大，而且次数较多，再加上人员出入又颇为复杂，使得卖场的各项活动直接或间接地影响着卖场四周的居民及过往行人。特别是商场超市的顾客大多是邻近的住户，如果在作业或管理上侵犯了他人的权益和安全，不仅会遭到联合抗议和抵制，也会影响商场超市的正常作业和营业收入。因此，良好的安全管理还可以达到建立良好的社区关系、维持自身良好形象的效果。

第二节　商场超市安全管理工作

一、公共安全管理

（一）消防安全管理

商场超市除了应具备符合各项国家规定，或经消防主管机关审核认可的各项消防安全设施及设备的条件之外，还应拟定一套完善的消防作业应变程序，以便在火警发生时，能确保财产、人员及顾客的安全。消防安全管理工作的范围如下：

① 火灾预防及抢救；

② 各项消防安全设备的定期检查和管理；

③ 消防水源的定期检查和管理；

④ 消防安全的教育及宣传、指导。

（二）员工作业安全管理

员工作业方式不当，同样可以造成顾客或员工本身的伤害。例如：补货作业不当、大型推车使用不当、卸货作业不当，皆可能造成商品掉落，因而砸伤或压伤顾客或员工。

二、内部安全管理

（一）门禁管理

大部分商场超市在非作业时间内，不会安排人员留守，但是为了防止窃贼夜间闯入、窃取财物，通常会与保安公司合作，安装安全防护系统。因此有必要对开、关门作业加以规范，以确保商场超市的夜间安全。有关的管理内容如下。

（1）开（关）门必须由特定人员在规定的时间，依照正常的规定作业进行开（关）门。负责人员必须在记录表上加以记录并签名，并且附有至少两位人员的附属签名，用以证明。

（2）开门后，当值主管应检查正门入口、后门、金库门及所有门窗有无异状，确保一切正常，没有被破坏的迹象。

① 清点现金，检查收银机、金库、经理室，并且上锁。

② 除必需的电力设备外，关掉所有不必要的电源，拔掉所有插头。

③ 检查商场超市内每一角落，包括：仓库、作业场、机房、员工休息室、厕所等，防止有人藏匿于内。

④ 进行员工安全例行检查，在员工离开商场超市时，应检查所携带的手提袋及物品。

⑤ 开门、关门时应提高警觉，注意周围有无可疑状况。

（二）锁匙管理

经理办公室和金库的钥匙应有备份，并分别交由自己或业务相关人员妥善保管。未得许可，禁止任意配制钥匙。

（1）金库的保险锁密码应该只有必要的相关作业人员知道。当商场超市主要负责人发生变动时，应立即更换保险锁密码，以防止意外事件发生。

（2）所有锁匙均应编号，以利管理，使得发生不法事情时，可以追查责任。

（三）金库管理

（1）新、旧任经理交接后，必须立刻将金库密码重新设定，并且只有经理知道。

（2）金库室（经理办公室）为机密地方，除了必要人员，其他不相关人员不可随意进入。

（3）金库门应随时关闭并上锁。

（4）经理每天上班后、下班前，首要任务就是检查金库门有无上锁或其他异状发生；如有任何问题，应立即向上级报告。

（四）保安报告管理

（1）商场超市发生的任何保安状况，例如偷窃、抢劫、火情、顾客财物损坏、意外事件等，经理均应在了解状况发生的原因之后，迅速向上级相关主管人员反映，以便进一步做出更有效的处理或追踪。

（2）任何对警方或上级主管的保安报告，其内容必须简短、明确，并且包括人、事、时、地、物等要素，使对方能迅速了解发生的状况。

（3）商场超市经理应熟记必需的电话，并抄录张贴在电话机旁、公布栏或其他的指定地点。

（五）停电应变处理

电力是商场超市必备的营业条件，一旦停电，除了加速低温商品的损坏，以及无法营业的损失以外，还可能造成有些顾客或员工乘机窃取商场超市的财物。

（六）业务侵占防范

（1）定期抽检员工的储物柜，以防离开商场超市时所携手袋夹带公司财物。员工储物柜只能放置私人物品，不得放置任何公务用品、易燃物（如汽油、燃气、爆竹等）及非法物品，以防范员工的侵占行为和意外事件发生。

（2）定期抽验下列人员的作业情况，杜绝工作人员借着职务上的便利侵占钱财或图利亲友的现象发生：

① 收银人员；

② 商品验收人员；

③ 负责现金处理的相关主管人员。

（七）夜间行窃防范

偷窃事故除了在一般的营业时间要做好防范之外，夜晚停止营业之后也必须加以防范。实际案例表明，部分歹徒是保安公司的离职人员、曾经参与商场超市装潢施工的外部人员或是商场超市本身的离职员工，由于他们熟悉商场超市内的各项装置，因而容易达成偷窃的目的，造成商场超市的损失，因此应特别防范。

（八）抢劫防范

由于商场超市的现金流量相当庞大，收银柜台又邻近于出入口的位置，在金钱一进一出的同时，难免引起歹徒觊觎而发生抢劫的事情。抢劫的对象，除了商场超市本身之外，也可能是商场超市的顾客。因此，在商场超市营业时间逐渐延长的趋势下，有必要对抢劫的可能情形加以防范。

（九）顾客的扰乱行为

进出商场超市的顾客，不仅人数众多，层次也不一。有些顾客来到商场超市并不以购物为主要目的，而带有其他的扰乱或暴力行为。例如谩骂、醉酒、打砸商品、蓄意破坏，有的人以言语纠缠商场超市员工，或精神异常的行为等，都必须防范。

（十）诈骗行为

由于商场超市的现金多、商品多，加上员工年龄都比较年轻，警惕性不高，而经常成为歹徒诈骗的对象。其诈骗的方式往往千奇百怪，常见的案例有：要求兑换零钱、送货、以物抵物或是声称存放在寄物柜的贵重商品遗失等，应特别予以警惕。

（十一）恐吓事件

随着犯罪形式的多变性，商场超市遭受歹徒恐吓胁迫的事件屡见不鲜，对社会、企业和消费大众无不造成莫大伤害。有鉴于此，商场超市管理人员必须预先拟定一套有效的应对程序，化解危机事件，将伤害降至最低程度。

（十二）专柜安全管理

部分商场超市为了提高经营效率而设有专柜。如果专柜发生安全问题，商场超市也会受到影响。因此，商场超市管理人员必须将专柜一并纳入安全管理范围，除了提供必要的安全设备以外，还必须将专柜人员视同商场超市员工一同实施安全训练和演习，以确保商场超市的整体安全。

第三节　商场超市安全部门设置

一、安全部门的性质、任务与特点

（一）商场超市安全部的产生

商场超市安全部是现代商业发展的必然产物。随着社会经济的发展，商场超市的数量越来越多，规模越来越大，业务范围越来越广，社会治安情况越来越复杂，商场超市对安全保卫的要求也越来越高，原来无专职保卫人员的形式已无法满足发展的需要，商场超市安全部也就此出现。现在，我国的商场超市一般都设有安全部，或称保卫处、保卫科、保卫室。

（二）商场超市安全部的性质

商场超市安全部是商场超市的保卫组织，是负责商场超市保卫工作的职能部门，列入商场超市组织机构的编制，由商场超市负责供给，受商场超市总经理领导，具体负责商场的安全保卫工作，维护商场超市内部治安秩序，预防各种侵害因素的发生，保障商场超市及其人员的财产和人身安全。

商场超市安全部的这个性质，既符合我国政府的规定，同时也符合商场超市当前的管理体制，以及安全保卫工作的实际情况。当前商场超市的管理体制，普遍实行总经理负责制，所以，商场超市内部也将安全保卫工作列为总经理负责制的一个重要内容。总经理要把安全保卫工作同商场超市的经营任务、经济效益紧密结合起来。总经理、各部门经理都要亲自领导安全保卫工作，每个小组、每一个人员也都要承担一定的安全保卫责任。

因此，安全部必须隶属于商场超市总经理，接受总经理的领导，听从总经理的指挥，完成总经理布置的各项任务。

（三）商场超市安全工作的任务

由于商场超市所接待的顾客不一，顾客来店的目的、顾客来店的时间、顾客的生活习俗也是不一样的，商场超市安全保卫工作的内容十分丰富，它不仅要维护顾客的生命财产安全，防止各种违法犯罪分子的侵害，而且要维护商场超市本身各种先进服务设施的安全，如装饰、用具、电气设备、观光电梯、旋转餐厅、屋顶花园、自动报警和灭火系统；要维护商场超市内部各公共场所，如营业大厅、餐厅、咖啡厅、酒吧、舞厅、音乐茶座、电子游戏机室、游乐场、健身房等的治安秩序；还要保护商场超市银柜，确保银柜安全，以及预防突发灾害事故的发生，配合公安部门查处各类案件。

（四）商场超市安全工作的特点

1. 安全保卫工作的政策性

商场超市安全保卫工作内容的多样性，决定了商场超市安全保卫工作具有很强的政策性。不同的业务有不同的方针政策、法律法规。另外，对待同一种行为，由于行为者的国籍不同，行为发生地不同，处理的依据、方式和结果也有差异。因此，安全保卫工作人员不仅要有丰富的法律知识，要懂得国内法、国际公法和国际私法，而且还要有很强的政策观念。特别是在我国尚无统一的商场超市治安管理法规时，更需要强调按政策办事的重要性。

执行政策必须严谨，尤其对于在商场超市安全保卫工作中涉及顾客方面的事项，必须严谨对待，作为商场超市的安全保卫人员必须懂得一些外交、侨务、民族、对台、宗教等方面的政策，才能妥善处理问题，做好工作。

2. 安全保卫工作的时间性

首先，要有长期作战的观点，既然侵害商场超市安全的因素是客观的、长期的，那么商场超市的安保工作也必然是长期的。其次，要有及时处理问题的干练作风，准时下班，做好交接班工作。

要坚守工作岗位，按时巡逻，定期进行安全检查。发现事故苗头，要及时采取措施，尽可能消灭在萌芽状态。发现问题要及时解决，以缩小影响，减少损失。同时，要有应付突发事件的快速反应能力。商场超市是人员稠密、财富集中的场所，任何突发事件都会使顾客和商场超市遭受重大损失，影响商场超市声誉，甚至损害国家形象，而快速处理就能最大化地减少损失和缩小影响。特别是顾客流量大，发生在顾客中的案件或事件，若抓紧时间及时处理，不仅确保安全，并且能挽回影响获得好声誉。反之，越是拖延，不但不能查清处理，而且会造成不良的影响，有损商场超市的声誉。

3. 安全保卫工作的服务性

安全保卫工作要与各种侵害因素作斗争，既要同各种违法犯罪行为作斗争，又要防止商场超市工作人员的失职行为，还要应对各种自然力的破坏作用。要完成这些任务，就必须在工作过程中注意服务性。

（五）商场超市安全工作的优质服务

商场超市是以服务为宗旨，安全工作是整个商场超市工作的重要组成部分，所以，商场超市的安全保卫工作应同开展优质服务活动紧密结合。商场超市安全保卫人员的优质服务的主要内容如下。

（1）讲究仪容仪表，着装统一、整洁。工作时间精神饱满、思想集中。待人接物要诚恳、谦和、庄重、大方。

（2）讲究文明礼貌，尊重顾客，注意礼节，切忌失礼，礼节要因人而异。能够熟练运用文明用语，会用简单的外语对话。举止文明、态度和善，不大声喊叫，不讲粗话和脏话。

（3）遵守工作纪律，严守国家机密，不做超越职权范围的事，不得随意接受外宾馈赠，更不能向外宾索取财物，严禁向外国顾客泄露国家秘密。

（4）严格按照法律和政策的规定进行工作，对商场超市员工的处理要严，影响面要小；对国外顾客发生的问题要及时报告，不得自作主张，自行解决。发现紧急情况，应沉着冷静，先把肇事人带离现场，把问题控制在最小范围内，果断地制止事态的发展，然后再作处理。处理这类问题既要坚决严肃，不能犹豫不决，又要以礼服人，不要粗暴待人。只有把做好安全保卫工作同开展优质服务工作结合起来，才能取得顾客信任，才能使安全保卫工作同商场超市的总体经营工作协调起来。

二、安全部门的设置

（一）商场超市安全保卫部门设置的特点

现代管理机构的设置，都力求精简、统一和有效，商场超市安全部门也不例外。

1. 精简

精简即机构、人员要精，因事设职、职责分明，工作量饱满，工作程序简化，部门层次少、效率高。

2. 统一

统一即安全部门内部实行统一领导、统一指挥，让安全工作能够统一实行。

3. 有效

有效即安全工作要讲究实效和办事速度，使安全部门成为速度快、效率高的机构。

（二）商场超市安全部门设置原则

1. 与商场超市规模相适应的原则

商场超市的规模一般以营业面积划分，如小型、中型、大型。因此，安全机构的设置和力量的配备，必须与商场超市的规模相适应。大型商场超市，要强于中、小型的商场超市。此外，商场超市规模还体现在占地面积和建筑楼层的高低上，多数的豪华型商场超市是高层建筑，其防火、防盗要求比一般建筑要高。

2. 与商场超市的安全设施相适应的原则

现代化的商场超市，安全设施也逐渐现代化。绝大部分高级商场超市都安装自动灭火、报警、安全电视监控系统等，这些都需要有专门的安全管理人员，其安全工作技术防范不同于过去的单纯靠人力防范。通常，单纯的人力防范，投入的人力相对要多一些，但是技术防范设施加强后，安全人员素质相应要提高，安全机构成员结构也要相应调整，使技术防范和人力防范能更好地结合起来。

总之，商场超市安全工作机构设置不能完全统一，按一个模式，而要从实际出发才能做到精简、统一、有效。

第四节　商场超市经营与安全管理

一、商场超市事前安全管理要点

（一）妥善规划

根据各项安全管理项目，做好事故预防、处理及善后作业的详细步骤、程序与注意事项。除了做成明确的书面说明之外，还可列出安全管理项目检查表，作为商场超市人员作业的依据。

（二）定期教育

定期举办员工安全管理课程，增强员工的安全常识、正确地处理作业的能力、良好的道德观念，以及加强灾害意识及纠正错误的观念。

（三）定期演习

为使员工能充分了解并应用日常安全教育中所得到的知识，应定期举办各项安全演习，以测验员工的安全管理能力以及临场的应变经验。演习的方式可采取预先通知或临时通知的方式。

（四）定期检查

定期检查商场超市内的各项安全设施及使用器械，对于老旧、损坏或过期的器械，应立即做修复或更换。

（五）培养警觉心

养成员工发现问题，并且立即反应的习惯。良好的保安警觉能够有效地减少意外事件的发生。

二、商场超市经营与安全管理的工作原则

（一）沉着冷静

不管发生任何状况，必须保持沉着冷静的态度，凡事不可轻举妄动，以确保自身安全为首要条件。

（二）事件处理稳妥迅速

根据事前所做的各项安全作业指示，分别各就各位，执行自己的任务。

（三）事后改善

事后改善工作应注意以下事项：

① 事故原因的追查　　除了找出意外事件的导火线，对于导火线背后的真正原因也必须一并检查；

② 责任的追查　　清查相关人员的责任，不仅可以对尽职的员工实施奖励，也可对失职人员有所惩戒；

③ 补救措施的建立　　亡羊补牢虽然不能挽回灾害所造成的损失，但是针对事故的原因，应迅速地建立各项补救措施，吸取教训，避免日后发生类似的事件。

三、商场超市安全隐患的防范

（一）员工、来宾及厂商人员出入登记管理

为防范来历不明的人员进入商场超市办公区，制造破坏或偷取物品，对于员工、来宾、厂商进入商场超市办公区，必须登记并办手续，其一般规定如下。

（1）员工上下班一律经由守卫室出入。

（2）员工于上班中因事外出必须填告假单，管理人员因公务外出必须记录于公差登记簿上。

（3）来宾来访必须问明其姓名、来意后，押其证件并通知单位主管，并请佩挂出入通行证。

（4）厂商送货进入办公区，人员必须以证件换领"特别通行证"（图1-1），并佩挂在身上明显的地方；车辆必须发放"车辆通行证"（图1-2）才能驶入。

XXXXXXXX有限公司

特别通行证

编号：017

图 1-1 "特别通行证"样式

（5）厂商人员来洽谈公务，也应比照来宾来访处理办法。

（二）贵重商品管理

店铺经营若陈列体积小、单价高的商品，容易被偷窃。一般管理者对于高级商品的陈列，都会要求放置比较明显而且橱柜可以上锁的地方，包括仓库的要求也相同，均会要求可以上锁保管，以保安全且责任归属可以追究。贵重商品在上班中及下班后的管理办法如下。

（1）下班后陈列道具上锁，并贴上封条。

图 1-2 "车辆通行证"样式

（2）封条和锁应妥善收藏，不可泄露。

（3）无法上锁的商品请于下班时盘点数量，将库存表（可以销售日报表代替）贴于明显处，以利夜巡人员对其查证。

（4）各部门依据本身工作的可行性，贵重商品作分户账管理，以避免盘损，作分户账管理前，应先和会计部门协调分户账登记方式及每月核算方式。

（5）营业结束后，晚班工作人员作门市最后巡检时，应再对贵重商品作一次检查，重点检查是否上锁完毕。

（6）次日上班时如发现商品遗失，应迅速通知行政人员处理，遗失现场勿移动，如玻璃勿擦拭，以利搜证检查。

（三）物品放行办法

商场超市经营，其商品可采用公司自行进货或设立专柜的方式来进行，不管用何种方式经营，对于厂商所带来的样本，或要退回给厂商的商品，均要作适当的管理，以免商品遗失，这也是门市安全管理的重要工作之一。现将物品放行办法重点分述如下。

1. 采购商品的样本放行规定

（1）采购查看厂商的货样一律于采购室进行，货样看完后厂商携回时，必须由助理或秘书开立商品"放行单"（图 1-3）（采用三联式），请厂商签名，第一联由助理留存。

放行单

产品名称		型　号		批　量	
规　格		数　量		生产批号	
供应商					
业务经办人			职务/联系方式		
申请紧急放行原因及理由		申请人		日期	
审批意见		批准人		日期	
备　注					

图 1-3 "放行单"样式

（2）厂商携带货样及放行单第二联，经守卫人员检查后签名，并盖检放章。

（3）"放行单"的第三联由厂商人员留存。

（4）次日守卫人员将"放行单"第二联送行政科。

（5）守卫人员盖检放章前，须检查"放行单"内容是否完整、号码是否连续，若发现有问题，立即通知采购人员追查。

（6）行政单位或稽核单位人员每月核对一次"放行单"三联是否相连，并在核查栏签名。

2. 退货组专用商品放行单规定

（1）要退给厂商的商品查对无误后，由退货单位查对人员负责开立放行单，签名盖章，并请厂商签名，退货单位留存"放行单"第一联。

（2）厂商将商品及"放行单"第二联盖章后经守卫室时，由守卫室人员检查后，签名并放行。

（3）次日守卫室将"放行单"第二联送至行政科。

（4）守卫室检查放行单内容是否完整、号码是否连续，若发现有问题立即通知退货组追查。

（5）行政单位或稽核人员应每月一次核对"放行单"三联内容是否

相符，并在查核栏签名。

3. 借用商品规定

商品安全管理另应注意的是：内部人员是否有借用的情况，如作为装饰品、模特儿穿着需要等，若有业务人员在外推广商品，偶尔会借用商品作为样本。凡是在公司内部或外面人员借用或搭配装饰，一律均须填写借用单，经上级单位核实方可借用。若商品是属于外借，借用人须经守卫室，借用单也同商品放行单一样的签章流程来管制，以确保商品安全。

综合以上所述的各项商场超市安全管理，最重要的是平时管理要求的训练要严格，就可避免事故发生。必须让商场超市全体工作人员有"安全第一"的认识：在平时要督导全体人员不要擅自离开工作现场；若陈列现场有做改装工程，须注意施工安全及人员管理，勿抽烟，并禁止工作人员到处走动；营业结束后，督导职员作商场超市最后检查，确定无安全顾虑后，电源全部关闭，门上锁，钥匙交予当值或守卫，全体才可离开。

对于管理人员要求应更加严格，须成立一个"危机管理小组"，按各种状况作任务分配，并且必须将下班后的联络电话、地址，告知危机小组负责人，以备紧急支援时联络方便。

一个企业或商场超市，危机的发生是不可预测的，但必须拥有应变的能力，且处理过程要井然有序，这是公司内部管理人员应有的责任，并且平时就要加以训练。

第二章 商场超市卖场作业及安全管理

所谓作业，就是为完成生产、销售等方面的既定任务而进行的活动，商场超市作业及安全管理，就是为完成商品销售任务而进行的作业及相关安全管理活动，包括以下几方面：

① 商场超市装卸、搬运、运输作业安全；

② 员工个人安全注意事项及防护用品的安全使用；

③ 商场超市卖场重要部位的安全管理；

④ 商场超市卖场作业损耗防范管理；

⑤ 商场超市卖场收银作业安全管理。

第一节　商场超市作业安全管理要点

一、商场超市装卸作业及安全

安全装卸是指保证商品装卸安全、员工自身的装卸安全、顾客安全，以及环境设备安全等方面。主要注意以下几点。

（1）装卸的员工必须保持正确的操作姿势，以免造成自身的伤害；装卸的员工必须使用必要的个人防护用品，以保证人身安全。

（2）装卸后商品应如何摆放在安全的区域内，是员工在装卸时应考虑的安全因素之一。如果将拆卸的设施随便放在通道上，可能会伤及过往的其他同事。

（3）员工在装卸时，必须树立保护商品或物品不受损失的意识，以恰当的方式进行装卸，坚决避免野蛮装卸。

二、商场超市搬运作业及安全

安全搬运是指确保员工自身的搬运安全、商品搬运安全、顾客安全，以及支付环境设施安全等方面。主要注意以下几点。

（1）搬运时必须正确使用搬运工具，专业的工具必须由取得上岗证的人员或专业人员操作；员工必须具有保护商品不受损失的意识，以适当的方式进行搬运，保证商品不受损坏。

（2）搬运时必须使用必要的个人防护用品，以保证人身安全。搬运时员工必须采用正确的姿势和操作规程，以避免造成自身的伤害。

（3）搬运时必须注意周围的环境，既要避免伤及周围顾客、同事或设施等，又要避免危险因素的侵害。

三、商场超市运输作业及安全

安全运输是指保证员工自身的运输安全、商品运输安全、顾客安全，以及环境设施安全等方面。主要注意以下几点。

（1）对于高空货架的作业，商品必须使用安全皮筋或缠绕膜进行捆绑。员工从事运输工作时，必须正确使用运输工具，主要是手动叉车、运输车等，而电力叉车必须由叉车司机来操作；安全运输必须保证商品的摆放符合安全标准，商品摆放整齐、稳固。

（2）安全运输包括空车作业过程的安全，例如空车时不能载人等。

（3）安全运输中，环境安全是最重要的，必须随时注意通道的畅通，是否将造成积水、垃圾和障碍物，经过营业区域时应注意到顾客、儿童、购物车、商品等。

第二节　商场超市个人安全及防护用品的使用

一、员工个人安全注意事项

员工在上班时，除了招呼顾客外，也必须处理例行工作或整理仓库，其个人安全也很重要。其遵守的原则如下。

（1）柜台区不要放置尖锐物品，避免割伤。

（2）使用电气设备时，要特别小心。

（3）棚板或角钢边缘、棱角处易造成刮伤、擦伤，在整理商品时要小心，并将棚板固定，不要让棚板滑动、松动。

（4）在仓库搬运时，应由上而下搬运，同时注意下方堆置的商品是否稳固，以免物品由高处掉落，砸伤员工。

（5）在悬挂海报或吊饰时，必须注意高度及安全性。

（6）遇有插座漏电时，应立即叫人修理或先将电源切断。

（7）禁止使用潮湿的手去接触开关或插座。

二、商场超市个人防护用品安全使用

按《劳动法》规定，劳动者在从事具备危险因素的劳动时，需要个人防护用品的保护。尽管商业零售店从业人员不属于危险性的工种，但为了更好地保护劳动者的身心健康，必要时，需要使用个人防护用品。防护用品有以下几种。

1. 防护手套

防护手套有化学材质和棉质两种：化学材质的多用于接触化学试剂时保护双手，如生鲜部门接触清洁剂等；棉质手套多用于搬卸商品时保护双手。

2. 防护镜

主要保护操作者的眼睛，用于室外强阳光下的作业保护等。

3. 防护棉衣

当员工进入冷藏库（冷冻库）作业时，必须穿防护棉衣。

4. 防护背心

员工长期在较低温度下作业，如在肉类加工间、冷冻柜（冷藏柜）区域、工作蔬果加工间，必须穿防护背心。

5. 一次性手套

一次性手套主要在操作食品时使用，既是食品操作最基本的卫生要求，又可以起到防止操作者被感染血液和皮肤疾病。

6. 防切手套

防止手被切割的手套，用于肉类的分割工作时保护分割者不受伤害。

7. 防护腰带

有两种防护腰带：一种是在从事大运动量体力劳动时，保护腰部防止扭伤的腰带；另一种是高空作业（2米以上）用的防护腰带。前一种是零售店员工在进行搬货、卸货、队列或做其他仓库整理等工作时，必须使用的；后一种，特别是在高货架的仓储型零售店中，高空作业时，必须使用高空防护腰带。

8. 防护头盔

用于货架的拆卸、组装或进入未完工的零售店建筑工地时使用，保护头颅不受损伤。

第三节　商场超市重要部位管理

一、商场超市重点部位管理

商场超市内重点部位为存放票证、现金、贵重物品的部位。其重点管理如下。

（1）重点部位责任人是重点部位经营人和行政负责人，责任人应与商场安全保卫部签订责任书。

（2）各部门必须指定专人负责支票的使用和保管。支票印鉴必须单独放入保险柜，不得与财务章及其他印章存放在一起。重点部位工作人员必须廉洁奉公，遵纪守法，严格遵守商场财务制度和物品管理制度。坚持现金、票证当日"回笼"原则。保险柜必须拨乱密码，钥匙按规定数量配置并由专人保管，必须随身携带，不得随意放置或存放在办公地点。原使用保险柜人员调离岗位后应及时更换密码。下班后开启保险柜报警装置。

（3）各单位在领用支票时，必须建账登记，将单位用途、名称、日期、金额等内容填写齐全，存根留底。对未交掉的支票，应于当日交回财会室（财务部）。

（4）填写支票时，字迹清晰，内容必须真实准确，不得随意涂改支票，领用发票要建账登记，由专人保管；填写发票时要内容齐全，本人签全名，不得为他人提供假发票。加强对支票的管理，一旦丢失，应积极查找，迅速办理挂失手续，并及时报安全保卫部备案。

（5）在收受顾客支票、汇票时，必须验明本人身份证，并且登记身份证号码和电话号码。在核实对方确切身份后，必须做到：本市 3 天付货，远郊县 5 天付货。顾客备车提货时，要登记车辆号码。

（6）商场超市的收银员在点款时应背对顾客，并与其保持相对距离，现金严禁置于柜台及收款台表面。每天到银行送款时，不得用包替人排队，造成人包分离。

（7）收银员必须坚守岗位，收款台必须插好插销，在受到外界干扰时，也不能擅离职守。如果需要找人替岗时，应请示商场领导，经同意后方可替岗。

（8）私人不准在商场收银台、柜台套换挪用外汇，也不准非法买卖，如有违反，按贪污、套取国家外汇处理。

（9）商场超市各部门员工工资、奖金和其他现款，必须指定专人负责领取发放。

（10）商场超市贵重物品（商品）的登记手续必须齐全，账物相符，定点存放。设专用库房，专人负责保管。

另外，商场超市重点部位要门窗牢固，安装防盗设施和设备。商场超市重点部位的安全防范工作，必须明确职责、落实制度。坚持各入口检查，各部门随时查，安全保卫部一周一查，并做好记录，每月一次大检查，每季测验一次并有记录，发现隐患及时改正。商场超市人员去银行存取现金、交送营业款，必须配备专车，并由安全保卫部派人护送，确保安全。如果因重点部位工作人员不负责任，造成差错，一律由经管人赔偿（现金、票证、物品等）。造成重大损失者，要追究刑事责任。

二、商场超市要害部位管理

商场超市要害部位为：商场超市的配电室、空调室、液化气设备管道、员工餐厅操作间、木工房、地下机房、锅炉房、贵重商品库房、危险品库房、自动安全系统总控室、电梯机房、档案室、收银台、计算机房、电话总机室、财务审计部、总经理室。其管理方法如下。

① 要害部位的主管工作人员和部门领导为要害部位责任人，均须与安全保卫部签订责任书；

② 对于重点要害部位工作人员上岗前的条件应严格审查，未经培训学习达标者不得上岗操作，应建立重点岗位人员档案，对不符合条件的工作人员应及时调离；

③ 严禁非工作人员进入重点要害部位；

④ 重点要害部位必须建立安全制度，经常进行安全自查，每天填写检查记录单，发现问题立即报告，迅速整改；

⑤ 安全保卫部要定期对商场要害部位进行安全检查，确保设备设施处于良好状态；

⑥ 重点要害部位必须由本部门制定突发事件预案，并报商场安全保卫部备案。

三、商场超市电视监控系统的设备与管理

（一）商场超市电视监控系统的监控范围

1. 营业大厅

商场超市营业大厅是顾客集散的重要场所，一般要安装大角度旋转的摄像机，并在大厅转门和厅外广场分别安装固定视角的摄像机，以监控客流情况。

2. 公共娱乐场所

公共娱乐场所，如商场超市内的游泳池、保龄球房等娱乐场所，应安装摄像机，控制治安事件的发生。

3. 财物集聚部门

商场超市财物集聚的地方是总银箱、贵重物品专柜、收银柜、仓库等，这些地方容易发生盗窃，安装摄像机可及时发现危害财物安全的情况。

（二）商场超市电视监控人员的岗位责任

（1）商场超市电视监控人员的岗位责任是监视屏幕情况，随时向安全部报告屏幕上出现的可疑情况。应熟练掌握监视设备系统的操作规程，严格按照规程操作，发现监视设备异常、故障，应立即报告当班管理员，不得擅自摆弄。

（2）录像机换带必须按组别、顺序进行，不能混乱，并做好登记工作。密切注意屏幕情况，一旦发现可疑情况，应立即定点录像，并做好记录，及时报告管理员。

（3）认真完成安全部经理和管理员交办的任务。做好机房的卫生、钥匙领还，以及对讲机充电等工作。

（4）商场超市机房要地，未经批准，非值班人员不准入内。

（5）交接班时，交班人应将当班时发现或需注意的屏幕情况告诉接班人，接班人应检查商场设备的工作和清洁情况，以确保设备处于良好的工作状态。

四、商场超市易燃、易爆物品管理

商场超市内易燃、易爆物品，如香蕉水、汽油、涂料、酒精、部分化妆品、煤气、乙炔等。其安全管理方式如下。

（1）商场超市易燃易爆品保管人、使用人和部位领导人是该项安全管理责任人。

（2）商场易燃易爆品应指定专人购买、保管、发放、使用，必须严格领取、存放、发放手续，做到账目清楚，账物相符。

（3）易燃易爆物品使用人必须严格执行操作规程，使用过程中采取安全防护措施。

（4）库内不得使用移动式照明灯具、碘钨灯和60W以上白炽灯。

（5）凡经营的危险商品应按照进多少卖多少的原则，必须在指定库存放，库内不许点灯、穿钉子鞋，不得私自保管。

（6）商场要害部位及仓库，应根据本制度制定出相应的部门具体管理规定，并报安全保卫部备案。

第四节 商场超市卖场作业损耗防范管理

一、员工作业错误的损耗及预防

（一）员工作业疏忽产生的损耗

员工作业疏忽产生的损耗主要有以下这些情况。

（1）商品有效期限未予检查，造成食品过期。

（2）商品价格标示错误，高价低标未予察觉，一旦销售出去，即是商场超市的损失。

（3）对于应调高价格的商品，未予立即调整。

（4）账目查核表错误，造成管理漏洞。

（5）现金管理不当，造成短款损失。

（6）仓库及门未锁好，而遭到偷窃。

（7）商品调拨漏记，造成账目混乱。

（8）商品领用未登记或使用无节制。

（9）商品进货重复登记，造成账物不实。

（10）漏记进货的账款。

（11）坏品未及时办理退货。

另外，还可能因为以下原因造成损耗：

① 退货重复登记，造成退货数虚大；

② 销售退回商品未办理进货退回；

③ 商品条码标签贴错；

④ 新旧价格标签同时存在；

⑤ 商品有效期检查不及时；

⑥ POP（卖点广告）、价格卡与标签的价格不一致；

⑦ 商品促销结束后未恢复原价；

⑧ 商品加工技术不当产生损耗。

（二）员工作业错误的预防

（1）定期检查货架上的商品有效期限，并按照"先进先出"的原则做好商品管理，仓库中的库存品也应该定期检查。

（2）定期检查商品价格的标示，看有无错误或漏标。

（3）请员工详细填写班次分析表，以核查员工的工作情况，若有异常，即予警告并加以改正。

（4）对于调高价钱的商品，应立即更换标签，更换时要注意先撕下旧标签，再贴上新标签。

（5）请员工填好账目核查表，表中应有应收账款、现金支付表、转移、价格变动及损坏报告等项目，以供参考。

（6）对现金的管理，也应有详细的支付明细。

（7）定期检查仓库、后门的锁有无锁好，各种设备是否功能完好，使各种可能发生损耗的因素降至最低点。

处理残损商品应填写商品残损报告单（表2-1）。

表 2-1　商品残损报告单

货号	品种	规格	数量	原单价	现单价	原因
合计						
备注：						

报告人：　　　　　　　　　　　　　日期：

二、超市生鲜防损

生鲜类食品在食品销售中占有重要的位置。生鲜食品周转快，销售额占比高。因此，解决超市生鲜类食品损耗的问题特别重要。

（一）超市生鲜食品的损耗定义

虽然"损耗"一词大家耳熟能详，但却理解各异：有的超市经营者把损耗理解为失窃损失，有的认为损耗还包括商品破损；在生鲜食品经营中有的则将损耗界定为生鲜品的丢弃物或废品。对于"损耗"的不同理解，反映出企业各不相同的管理理念和认识水平，由此引出了各种不同的管理措施和控制方法，从而影响管控效果迥然不同。

根据美国食品营销协会《超市防盗手册》，损耗包括降价损失、废弃损失、偷窃损失、储运损失等。因此，对于损耗产生的原因，就不能片面性地去理解，损耗应该是由盗窃、损坏及其他因素共同引起的。

损耗控制涉及超市管理的许多方面，需要保安防损，以及储运和各有关管理部门共同协作。因此，全面、准确地理解损耗在连锁超市经营中的含义，有助于人们拓宽思路，归纳分析生鲜经营中产生损耗的各种条件和原因，从整个管理体系上入手，寻找改进管理的办法。

（二）超市生鲜食品损耗的原因

生鲜食品多属于非标准、保存条件特殊的商品，再加上现场生产加工所涉及的管理过程和环节，要比一般商品烦琐、复杂得多，需要管理控制的关键点增加，如果供、存、产、销之间的衔接协调不当，产生损耗的环节自然就多，其中既有在超市各部门带有共性的损耗原因，也有在生鲜区特定的原因。按生鲜区的管理流程分类，损耗主要有以下几类。

1. 生产责任原因

（1）商品质量部分　商品质量不合格，是由于超市自行生产的商品质量达不到出品标准要求，从而造成减价和报废所致的损失。

（2）工作疏忽造成损坏　由于员工工作疏忽大意导致设备和原料损坏，从而导致商品损耗。

（3）商品卫生问题　环境卫生达不到标准，影响商品的品质及其外观，最终影响销售。

（4）设备保养、使用不当　由于设备养护和使用失当，设备无法正常运行，导致食品变质，造成损耗。

（5）生产正常损耗　生产正常损耗是指在产品加工储存过程中，由于水分散失或工具沾带等原因造成的一定比例的损耗，这是所有损耗中唯一可视为合理的损耗。

2. 商品管理原因

（1）变价商品　没有正确、及时处理商品变价问题。由于生鲜食品因鲜度和品质不同，致使价格变化比较频繁，如果管理不到位，变价商品得不到及时、准确处理，就会产生不必要的损失。

（2）店内调用商品　店内调用商品未登记建账。生鲜食品各部门之间常会发生商品和原料相互调用的情况，如果各部门的有关调用未建账或记录不完整，就会在盘点账面上出现较大的误差，造成库存流失。

（3）盘点误差　在生鲜食品盘点工作中，由于管理无序或盘点准备不充分，对于盘点的误差不能及时查明原因，必然出现常见的盘点误差损失。

（4）订货不准　生鲜部门订货人员对商品销售规律把握不准或工作不够细致，原材料或商品订货过量，往往无法退换或逾期保存而造成商品减价损耗。

（5）员工班次调整　在员工班次调整期间，由于新的岗位需要一段适应时间，所以损耗在这个阶段属于高发期。

3. 后仓管理原因

（1）收货单据计数错误　在收货环节上，由于相当一部分为非标准商品和原材料，因鲜度、水分含量和冷藏温度等的不同，收货的标准受收货、验货员的经验影响较大，出现判断误差和计数错误的可能性也较大。

（2）退换、索赔商品处理不当　部分商场超市未设立索赔商品管理组或专职人员，或管理工作不到位，对索赔商品得不到及时处理，无法取得合理的索赔商品补偿，使得本可挽回的损失扩大化。

（3）破损、索赔商品管理不当　破损及索赔商品在待赔期间管理不当，发生丢失等，将无法继续获取赔偿。

（4）有效期管理不当　生鲜商品和原料需要进行严格的有效期管理，做到"先进先出"，如果管理不当，就会出现较大的损失。

（5）仓管商品和原料保存不当而变质　由于生鲜食品和原料保存环境、温度和湿度条件达不到要求，也会造成变质损失。

（6）设备故障导致变质　因冷藏、冷冻陈列和储存设备运转异常或出现故障，导致变质损失。

4. 销售前区管理原因

（1）内部和外部偷盗行为　生鲜商品和原材料因其可直接食用的方便性，偷盗发生率较高。一般来讲，水果、熟食、面点等商品的偷盗损耗率会高一些，而且一旦失窃不易查证。

（2）顾客索赔退换损失　因顾客对商品投诉出现的退货、换货造成的损失。

（三）超市生鲜商品损耗的种类

（1）收货损耗：收货时收进了不能贩卖的商品，从而产生的损耗。

（2）储存损耗：商品验收入库后，因存放不当而造成的损耗。

（3）排面损耗：员工在上排面时不小心或顾客挑选碰撞产生的损耗。

（4）滞销损耗：滞销商品是市场上因为消费习惯的变化，导致一些商品不受消费者欢迎而致使销售速度极慢的商品，由此积压造成的各种损耗为滞销损耗。

（四）超市生鲜防损措施

针对上述损耗，有下述几种方法来降低损耗的程度。

1. 收货损耗控制

收货时一定要开箱验货（货较多时可抽样验货后平均扣除），开箱时要注意底和面均要翻箱验货，扣除不能贩卖的商品。

2. 储存损耗控制

收货完毕及时上台面，并在结束营业后及时入冷库，如果没有冷库，也可放在恒温通风处，避免积压和碰撞。

3. 排面损耗控制

（1）员工上货时小心轻放，避免商品碰撞。

（2）随时整理排面上的商品，挑出次品以保持排面陈列的美观度（整理分翻面、挑选、清洁等几种）。

（3）在人潮高峰期，可做下排面生鲜商品的处理。

（4）让商品高回转也是降低生鲜商品损耗的一种好方法。不要让商品在排面上陈列时间过长，对于生鲜下排面的商品越早处理越好，切记"少亏即是赚"。

（5）商品补货时应"少量多出、勤于补货"。不要将所有商品一次性陈列出来，保留适当库存，因为顾客购买商品时不会拿了东西就走，都会翻来覆去挑选，陈列时间久了被顾客挑选的次数也会增加，从而加大损耗，应控制上货数量和次数，传统卖场上货操作为：开业前上货比例为全天销量的40%，中午销售高峰前半小时再上40%，晚上销售高峰前半小时上20%，同时在晚上销售高峰时应将卖相不好的商品及时出清。若销量不是很大，可以适当调整，具体操作视各卖场到货量和销量而定。

4. 滞销商品要及时处理

生鲜食品经营进入中国超市以来，它的普及影响着中国连锁超市发展的形态，与此同时，所有超市的生鲜食品经营者也都面临着生鲜食品经营的损耗控制问题的挑战，有时它就如同"黑洞"一样困扰着众多生鲜食品经营管理者。滞销的生鲜食品可按照以下程序的处理方法处理：退货→换货→降价→搭赠促销。

由于生鲜食品经营的特殊性和复杂性，损耗在经营过程中极易发生，损耗控制（包括经营成本控制）业绩取决于整个生鲜食品区的运作状况和经营管理水平，反过来又在很大程度上将影响生鲜食品乃至整个超市的盈亏兴衰。如不能够有效抑制损耗就会直接侵蚀超市的纯利润，由此可见，损耗及成本控制对生鲜经营的重要性。

附：营运防损日常工作作业规范

一、目的：明确规范分店营运防损工作，使其在操作时有所依据。

二、适用范围：各分店。

三、内容：总则

（一）工作职能

1. 工作目的：维护卖场正常营运秩序，全面负责顾客安全、员工安全、商品安全、设备安全及治安消防安全。

2. 工作性质：受店总经理领导，为商场超市安全负责，贯彻执行商场超市规章制度，完成店总经理下达的各项任务。

3. 工作任务：预防为主，损失防范，堵塞漏洞，降低损耗。

4. 工作范畴：门禁管制，稽核工作，肃窃工作，表单管控，治安管理，消防管理，交通管理，突发状况处理。

（二）工作方针："预防为主，防打结合"，参与管理卖场防损安全工作，做好群防群治工作。

（三）人防：岗位设定原则，以岗定人，配合营业高峰时间合理编制岗位。

（四）技防：建立一整套的保全系统、消防系统和监控录像系统。

（五）组织结构：各店根据情况编制。

（六）作息时间

1. 工作时间以营业时段为主和夜间控管为辅，分为：早班（A）6:30～15:00，中班（C）14:30～23:00，夜班（D）22:30～7:00，日班（B）8:30～17:30，特殊岗位可安排做一休一，E1班，E2班。

2. 休息时间为每2小时一次，时间为15分钟，用餐时间30分钟，每周工作40小时。

（七）上下班时间

1. 负责防损的主管工作时间应与整个卖场营业高峰配合，工作时间应结合卖场以24小时轮班为主，防损部门人员工作时间与卖场营业时间同步，且需轮值夜班。

2. 防损部门人员的排班时间应比卖场营业时间早30～60分钟，且需提前10分钟到岗，分配至规定岗位执勤，下班时在未接岗时应继续执勤。按营业时间准时开启顾客出入口。每天营业时间结束后，防损员应负责清场并关闭顾客出入口，检查各区域门窗、电源设备、照明、煤气设施等关闭情况，以及员工出入口物品携出检查，确定员工全部离去（部分分店会同值班经理关门并设定保全系统），夜间24:00以后进出卖场必须登记并安检。

（八）与各级公安、消防部门协调关系

1. 根据国家相应法律法规，制定合理合法的安全内务管理处罚条例，接受公安、消防部门的监督与检查。

2. 制作警民工作联系卡，加强工作、业务交流，加强彼此了解，建立良好的工作关系。

（九）与各部门的工作关系、沟通及协调

强调防损工作重点，执行公司的规章制度，配合营业部门创利，建立安全防损工作监督举报箱，接受全体员工监督、举报。

（十）门禁管制（物品、人员进出管制）

1. 员工通道：控制非公司内部人员进出，做好外来人员的验证、登记和传达工作。对员工所携出物品、包裹，请其自动出示，接受检查。非员工通道不得随意进出，公务除外。

2. 卖场顾客购物通道：维持通道秩序，做好顾客的分流工作，引导顾客未结账商品至收银区，保持通道畅通。

3. 收货区：遵照《收货区相关规定》，严格执行人员进出管制及卖场商品携出核查。

4. 稽核区：按照稽核工作流程规范操作，妥善处理，避免在大众场合与顾客发生冲突。

（十一）肃窃处理程序

肃窃处理程序是：稽核→发现偷窃通知防损→查验出稽核区而商品未结账→防损处理→和解或送警处理→存档→卖场跟踪。

若发现有顾客夹藏商品，应带其至稽核室，处理时要注意态度。

（十二）员工置物柜及顾客寄物柜不定期检查

1. 员工置物柜（更衣箱）：不定期检查，由值班经理及防损部门人资部共同组成安检小组，由防损部门登记，对员工置物柜进行安全检查。检查内容：危险品（易爆、易燃、有毒）、商场商品等，由防损人员写出安检报告，上报店总经理并抄送各部门。

2. 顾客寄物柜：由防损及接待部门营业结束以后共同对寄物柜进行安检。检查内容以各违禁品为主，如寄物柜内有顾客存放超期物品，登记在册后，存放于防损部门。

（十三）备份钥匙管理

1. 只有被公司授权的员工，才可以保管分店钥匙。

2. 无论何种情况，没有店总经理批示，任何人不得擅自配置钥匙。

3. 防损部门建立登记发放钥匙档案，逐项登记钥匙发出、更换日期，使用地点、数量，领取人姓名、所属部门及领取原因。

4. 所有公共通道钥匙，包括卖场正门、楼梯防火门等，统一由防损部门保管。

5. 防损部门必须有最新钥匙一览表，并列明钥匙编号及用途。如有钥匙损坏，必须及时更换。

6. 定期检查分店内所有钥匙，确保其正常操作。

三、顾客损毁商品的处理

陈列在门市的商品被顾客损毁，顾客一般情况下都不是故意的。在门市管理上，反而要求门市职员要更关心顾客是否受伤，并迅速清理现场。在关心顾客受伤之余，顺便要了解商品被毁损的原因，不要急于要求顾客赔偿。在正常状态下，若出于顾客的疏忽，顾客会主动提出如何赔偿，在不让顾客太为难的情况下，赔偿金额在商品的成本之上为最佳；若顾客不愿意赔偿，而在商店内部可承受的范围也可以不让顾客赔偿，因为我们损失一件商品，却可能因为处理得宜而赢得一位永久的顾客。

顾客前往卖场购物，带着一家大小的状况很多，特别要注意的是儿童，因为儿童在卖场是损毁商品概率最大的一个群体，其破坏虽然是无心，但门市职员在卖场要适时提醒，以免店内遭受不必要的损失。

四、怎么进行损耗管理

商品进货值入率［值入率＝（零售价－进货成本）/零售价＝1－进货成本/零售价格］，与商品实际盘存后所得的毛利率，中间的差距谓之损耗，简而言之，即账面库存额与实际盘点库存额中间的差距。管理水平高的商店，不明损耗较低；反之，则较高。

损耗发生的原因有以下几种。

1. 变价损耗

（1）固定促销变价：如月特卖品，定期特卖活动，周年庆、开幕庆等。

（2）临时促销变价：为应对竞争店的临时降价或生鲜品时段降价出

清存货。

（3）厂商调降市面零售价：存货因而产生降价损耗。

（4）快过期商品促销变价：因商品食用期限或使用期限超过三分之二，为求销售量增加，故成立特价区，降低售价。

（5）为消耗量大的商品库存的变价：在月底或年关将近时，为减轻库存所做的促销变价。

2. 废弃损耗

（1）节庆商品逾期未售完：如有的商品因年节已过，无法售出。

（2）国外进口商品：进口商品进出程序繁杂，成本较高，故无法退货，容易产生废弃。

（3）自有品牌：开发自有品牌，建立企业形象，然而因无法退货产生废弃。

（4）订货不当：订货不正确，使商品过剩却无法退回而产生废弃。

（5）管理不当：

① 商品管理疏失，如先进先出未彻底执行，导致商品过期败坏；

② 仓库管理疏失，使商品可能因潮湿、鼠虫等侵害，导致商品受到损害。

（6）冷藏冷冻库设备损坏：因机器设备发生故障，导致商品败坏而产生废弃品。

（7）偷窃、偷吃：

① 偷吃食物，留下空盒；

② 将包装盒留下，拿走里面的商品。

（8）商品遭破坏无法退回：顾客或员工因一时疏失，毁损商品却无法退货给供应商。

（9）商品加工技术不当产生损耗：如因调理不当，使商品无法出售，或因作业时间过长，使商品鲜度劣败等。

3. 不明损耗

（1）验收不正确

① 商品数量不足。

② 厂商套号，以低价商品冒充高价品。

③ 厂商低标价，以高价品低标，使商店受损。

④ 促销赠品未随货入商店。

（2）厂商进出管理不当

① 厂商将商品夹藏于空箱内带出超市。

② 退回厂商的商品或坏品未确实检查，导致夹带其他商品出去。

③ 厂商利用管理疏失，伪造签收单。

（3）移库作业流程不当

① 店铺间移出入手续不完备。

② 部门与部门间移库，账务处理不当。

③ 使用自用商品未如实填报或未列入费用明细。

（4）员工管理不当

① 员工于店铺内偷吃。

② 员工出入夹带公司商品。

③ 员工将商品高价低标，卖给熟人。

④ 员工作业疏失将商品标价错误。

⑤ 特价期间结束后未将商品变回原价。

⑥ 夜间执勤时未恪尽职守，导致有偷吃、偷窃。

（5）专柜人员管理不当

① 专柜人员利用身份偷吃、偷窃。

② 专柜人员掩护其他人员偷吃、偷窃。

（6）收银人员管理不当

① 利用收银机退货键或者立即更正键消除或重打金额，乘机抽取金钱。

② 遇到熟识人，故意漏扫部分商品或私自按较低价格抵充。

③ 对收银工作不熟练，按错部门、类别。

④ 特价已结束，但收银人员仍以特价贩卖。

⑤ 顾客更换商品，未依规定填写表格，却以其他部门商品抵充。

（7）盘点工作未落实

① 盘点人员未如实依实际库存量盘点。

② 不能食用或使用的商品列入盘点。

③ 月末进货未入账，却盘入库存，使账面存货虚增。

④ 其他部门借用相关陈列商品未列入。

⑤ 赠品计入存货。

⑥ 已办退货商品，厂商未取走；或已报废的商品，尚未处理，盘点时却计入存货。

（8）作业上的疏失

① 商品标价错误。

② POP（卖点广告）不清楚或错误，顾客要求以较低价格购买。

③ 待退货商品因管理不慎遗失或被窃。

④ 商品磅秤机异常，使商品重量价格比实际低。

⑤ 作业技术不良，造成商品步留率降低。

（9）顾客偷窃

① 高单价体积小的商品最容易遭窃。

② 顾客携带背包、手提袋且袋口打开。

③ 在货架转角、死角易发生偷窃。

④ 顾客由入口处未结账即走出。

⑤ 关注穿着大衣、蓬松衣物者。

⑥ 2～3人一起购物，且常挤在一起时，要引起注意。

（10）兑换品券管理不当

① 兑换品券未如实呈报，而被作业人员窃取私用。

② 管理者对兑换券作业流程是否入账，未尽督导责任。

③ 兑换券有效日期已过，无法向厂商求赔偿。

五、怎么防止损耗增加

防止损耗增加，主要从后场管理、店铺管理、收银部门管理和营业部门管理方面着手。

（一）后场管理

1. 进货管理

（1）厂商进货务必先出示订货单，并将商品整齐陈列，由验收人员逐一核对。

（2）检验时务必要拆箱核对，是否与订货商品一致，尤其有拆过箱痕迹时，更需要检查。

（3）验收人员检验时，食用期限超过三分之一以上的食品或有凹罐情况时，不得收货。

（4）商品验收无误后，应立即移至暂存区或卖场，不得任意逗留，避免混淆。

2. 厂商出入管理

（1）厂商进入店铺必须先向后场登记，更换厂商名牌佩挂，离去时经检查后，再缴回识别证。

（2）厂商从现场或后场更换坏品时，必须有退货单或先向后场登记换货单，且经部门主管签认后，方可准予放行。

（3）厂商送货后的空箱不得覆盖，纸箱则必须拆平，避免借职务之便夹带商品。

（4）厂商车辆欲离去时，要接受后场人员检查无误后，方可离开。

3. 商品移库出入管理

（1）店与店移库时要确实填写移库单，填明商品代号、品名、规格、数量、单价等资料，便于会计部门做账，避免混淆。

（2）移库时，必须先报备店长同意，并且与他店事先取得协议后，方可进行移库。

（3）商品移出入时，程序应与进退货相同，要由验收人员确认验收后，才可认定完成手续。

4. 员工出入管理

（1）员工上下班时，必须由规定出入口出入。

（2）员工下班离开店铺时，一律要自动打开携带皮包，由警卫或验收人员检查，店长也不例外。

（3）购物者应主动出示收银发票并确认。

（4）员工携带皮包，不得带入作业场或卖场，必须暂存于员工休息区的衣物柜。

（二）营业部门管理

1. 自用商品使用注意要点

（1）自用商品领用，要经过部门主管同意，并且适于领用范围，再填写自用商品表（请参考"商品进销存管理办法"）。

（2）自用商品表由后场检品人员依据表格规定，到各部门拿取，交给申请单位，再交给会计做进货账。

（3）店长奖励慰问员工使用店内商品，不得以自用商品名义，仍需要先购买再以费用出账。

（4）查获未依照程序办理登记者，按照偷吃、偷窃办法处理。

2. 订货工作注意要点

① 订货前，要确实检查卖场及后场存货状况；

② 订货时，要注意未来的天气、气温及有否促销活动或竞争店动静如何，才能避免疏忽；

③ 参考过往订货情况。

第五节 商场超市卖场收银作业与安全管理

防损虽不能直接为卖场创造利润，但降低损耗本身就等于创造利润。为此，加强收银的监督和管理就变得至关重要。

一、商场超市收银作业管理

（一）收银员作业守则

现金的收受与处理是收银员相当重要的工作之一，这也使得收银员的行为与操守格外引人注意。为了保护收银员，避免引起不必要的猜疑与误会，也为了确保现金管理的安全性，收银员在执行收银作业时必须遵守下列守则。

1. 收银员不可带现金上班

收银员在执行任务时，身上如有任何私有金钱，容易让人误认为是店内公款，而造成不必要的误解。若收银员当天携有大额现金，并且不方便放在个人的寄物柜时，可请店长代为存放在店内金库。

2. 收银台不可放置任何私人物品

收银台随时会有顾客办理退货，或临时退还购买的品项，若有私人物品也放置在收银台，容易与顾客的退货混淆，引起不必要的误会。

3. 收银员不可擅自离位

收银柜台内有金钱、发票、礼券、单据等重要物品甚多，若擅自离位，将使不法分子有机可乘，造成店内的损失，而且当顾客需要服务时，也可能因为找不到工作人员，而引起顾客的抱怨。

4. 收银员不可为自己的亲朋好友结账

避免收银员利用职务之便，以较原价为低的价钱登录至收银机，而图利于亲友。同时也可避免引起不必要的误会。

5. 收银员不可随意查看收银机数字或点算金钱

收银员随意打开抽屉容易产生舞弊嫌疑，而且当众点算金钱，也容易引起他人侧目，产生安全隐患。

6. 收银员不可嬉笑聊天

收银员在执行任务时不可嬉笑聊天，要随时注意收银台前的动态，如有任何状况，应按铃通知主管处理。不启用的收银通道必须用安全链条围住。收银员在工作时彼此嬉笑聊天，不仅会疏忽店内周围的情形，导致公司遭受损失，也会给顾客留下不好的印象。

此外，收银员位于店的出入口，较方便留意店内出入的人员。如果收银通道随意开放，会导致顾客不结账而将货品携出的现象发生。

7. 收银员要熟悉超市服务政策变化

收银员应熟悉超市的服务政策、促销活动、当期特价品、重要商品位置，以及各项相关信息。收银员熟悉上述各项信息，除了可以迅速回答顾客询问，也可主动告知，促销店内商品，让顾客有宾至如归、受到重视的感觉，同时还可以增加公司的业绩。

（二）结账程序

为顾客提供正确的结账服务，除了可以让顾客安心购物，取得顾客的信任之外，还可以作为公司计算经营收益的基础，其正确性显得十分重要。

在整个结账的过程中，收银员必须达到三个要点，也就是正确、礼貌和迅速。其中迅速一项必须以正确性为前提，而不只是追求速度，即根据正确及礼貌两项要求，设计完整的结账步骤。

（三）入袋原则

为顾客做入袋服务时，必须遵守下列原则。

（1）选择适合尺寸的购物袋。

（2）不同性质的商品必须分开入袋，例如，生鲜与干货类，食品与化学用品，以及生食与熟食等。

（3）入袋程序：

① 重物、硬物置于袋底；

② 正方形或长方形的商品放进袋子的两侧，作为支架；

③ 瓶装及罐装的商品放在中间；

④ 易碎品或较轻的商品置于上方。

（4）冷藏（冻）品、豆类制品、乳制品等容易出水的食品，肉、鱼、蔬菜等容易渗漏流出汁液的商品，或是味道较为强烈的食品，应先用其他购物袋包装妥当之后，再放入大的购物袋内。

（5）确定附有盖子的物品都已经拴紧。

（6）货物不能高过袋口，避免顾客不便提拿。

（7）确定公司的传单及赠品已放入顾客的购物袋中。

（8）入袋时应将不同客人的商品分别清楚。

（9）体积过大的商品，可另外用绳子捆绑，方便提拿。

（10）提醒顾客带走所有包装好的购物袋，避免遗忘在收银台。

部分超市因为人手不足，并没有为顾客提供入袋服务，而是由顾客自行将商品放入购物袋。为此，收银员必须注意下列事项。

① 将登录完的商品放入另一购物篮时，必须依照入袋的程序将商品放入，以免商品遭受损坏。

② 必须分开包装的商品，不要放在一起。

③ 体积过大或过重而无法放入购物袋的商品，应在商品上留下记号，以示该项商品已经结账。

（四）离开收银柜台的作业要求

当收银员必须离开收银柜台时，应注意下列要求。

（1）离开收银柜台时，必须先将"暂停结账"牌摆放在顾客容易看到的地方，或是用链条将收银通道围住。然后将所有的现金全部锁入收银机的抽屉内，同时将收银机上的锁匙转至锁定的位置，锁匙必须随身带走，并交由相关人员保管或放置在规定的地方。

（2）将离开柜台的原因及回来的时间告知临近的收银人员。

（3）离机前，若还有顾客排队等候结账，不可立即离开，应以礼貌的态度请后来的客人转至其他收银台结账，并且为现有的顾客做完结账服务之后方可离开；如果必须立即离开时，应礼貌地向排队的顾客致歉。

（五）顾客要求兑换金钱的处理原则

店内所持有的各种纸钞和硬币，是为了维持每日的正常交易，找钱给顾客的时候使用，其金额皆有一定的存量，如果接受顾客额外兑换金钱的要求，将使店内的现金难以得到有效控制。尤其有一些不法分子以换钱为由，诈骗金钱，致使商家遭受损失。因此，对于顾客以纸钞兑换纸钞的要求，应予以婉拒。

至于兑换零钱的部分，若是店旁设有公共电话或是儿童游乐器者，可让顾客兑换小额的零钱，各店可自行拟定兑换的最高额度，以方便消费者。兑换零钱时，最好请顾客至服务台，便于管理。

（六）营业结束后的收银机管理

结束营业后，应将收银机内的所有现金、礼券、抵用券，及各种单据收回金库及指定地点放置妥当，收银机的抽屉则不必关上，将其打开直到次日营业时间开始。

将收银机抽屉打开的目的，在于避免夜晚歹徒侵入时，为了窃取金钱，而敲开并破坏收银机，增加公司事后的修理费用。

（七）超市员工购物管理

超市员工不可在上班时间内购物。其他时间所购买的商品，如需在超市内食用，或暂放在店内的，其购物发票应加上收银员的签署，并请店内主管加签署，以证明该商品为结过账的私人物品，同时超市的员工必须依照正常手续进行换货作业，不得私下自行调换，购买的商品也必须与金额相等，收银员不可徇私包庇，以避免员工因职务之便，任意取用店内货品或图利他人。

（八）购物折扣作业

收银员应了解并严格遵守商场超市的折扣优惠政策及各种可享受折扣优待的对象，而不得私自给予不合规定的折扣。

（九）伪钞的辨认

收银员应掌握正确识辨真伪钞的方式方法，避免因收到假钞而造成店内的损失。因此，当收银员收到顾客给予的大钞时，切勿将钞票高举以灯光照射，引起顾客反感，认为未受到尊重。最好的方式应该是手指触摸、辨识，或用验钞器验证。

（十）收银机发票的使用

收银机的发票应依照顺序使用。装置时，收执联与存根联的位置不可混淆，而且二者的号码必须一致。避免发票使用错误，造成顾客与商家日后查账的不便。

（十一）货品的管制

凡是通过收银区的物品，必须经过付款结账。厂商若有退货应从指定地方进出。收银人员应有效控制货品的出入，避免厂商及店内人员擅自携出店内的商品，造成超市的无形损耗。

（十二）商品价格的确认

收银员应熟悉商品价格，以便尽早发现错误的标价。如果商品的标签价格低于正确价格时，应向顾客委婉解释；若是顾客坚持依照标签上的价格支付，仍应尊重顾客的意愿，因为这是商店工作人员的错误。若是同一商品上有两张标签时，应以低价登录；但若顾客所购数量很大，或差价在一定的数额以上时，应先查验清楚，是工作人员的疏忽还是顾客自行更换标签。

发现以上两种情形，皆应立即通知店内人员检查其他商品的标价是否正确。

（十三）顾客要求换货和退货的处理

顾客要求换货退款时，应先由指定人员依据商店的退换货政策做合理的判定，以决定是否接受该顾客的要求，并可借此了解顾客退换货的原因，作为日后改进的依据。此作业最好在服务台或其他指定地点进行，以免影响正常的结账服务。

（十四）厂商人员的管理

在商店卖场或作业场出入的厂商人员，必须以个人的工作证件，换发超市自备的厂商识别证佩挂在身上，离开时缴回。该证件应放置在服务台以及（或）其他指定地点。

（十五）收银台的支援工作

让顾客以最短的时间完成结账程序，并且迅速通过收银台，是店内每一位员工的责任。因此，收银区必须随时保持机动性，当收银台有三位以上的顾客在等候结账时，必须立刻加开收银机，或者安排店内人员帮收银员为顾客做入袋服务，以减少顾客等候的时间。

（十六）收银员每日收银作业考核

收银员绝大部分的工作在提供顾客结账服务，其正确性不仅关系到顾客的权益，也会影响到超市的营收。为了考核收银员执行结账作业的准确程度及工作表现，可制定一个"收银员结账作业考核表"，在每日下班做完收银总结算之后，将误差如实填妥，定期存档，作为日后考核的依据。

二、商场超市现金管理

商场超市金钱管理格外的重要。下面分别介绍商场超市在金钱管理方面应注意的事项及作业程序。

（一）顾客支付方式

顾客除了可以用银行卡和现金支付货款以外，还可以利用其他的方式，例如，商场超市自行发售的礼券、提货券、现金抵用券，以及中奖发票等。由于这些支付工具（可称为准现金）具有和现金同样的效力，因此其管理作业必须和现金一致。当顾客使用这些准现金时，必须注意下列事项。

（1）收银员在收取准现金时，必须先确认其是否有效。例如，必须附有特定的戳印或钢印，以及是否有破损或涂改的情形，是否已过期，否则视同作废。

（2）收银员必须注意各种准现金的使用方式。例如，是否可找零、是否可分次使用，以及是否需开发票等。

（3）各种准现金收受处理完毕之后，应立刻使其作废。例如，签上收银员的姓名，或盖上作废戳印。

（4）收受准现金之后，应放于收银机收银柜台的指定位置，再和现金一起缴回保管。

（5）如果商场超市提供顾客以中奖发票直接购物的服务时，必须在购物前先查验下列事项。

① 是否为中奖发票，而且是收执联。

② 中奖额度是否在接受范围内。

③ 发票的中奖号码及商店章是否能清楚辨认。

（二）现金支出

商场超市有可能发生现金支出的情形，例如顾客要求退货或退款。现金支出前，必须先检查退回的货品，确认无误填写退款单后放入收银机内，再将现金取出。

（三）大钞管理

① 无须将最大面值的钞票放在收银机抽屉内的现金盘里，为了安全起见，可将其放在现金盘下方，以现金盘遮盖住。

② 当抽屉内的大钞累积至一定数额，应立即请相关主管收回至店内的金库存放。

（四）收银机的零用金作业

（1）每天营业前，必须将各收银机开机前的零用金准备妥当，并分类铺在收银机的现金盘内。零用金应包括各种面值的纸钞和硬币，数额多少可依据各店的营业情况决定，每台收银机每日的零用金应相同。

（2）除每日开机前的零用金外，超市必须备有足够数额的存量，以便在营业时间内，随时提供各收银机兑换零钱的额外需要。收银员应随时检查零用金是否足够，以便提早兑换。零用金不足时，不可与其他的收银台互换，以免账目混淆。

（3）欲补充零用金时，切勿大声喊叫，可利用铃钟或广播的方式请相关主管前来进行兑换。

（4）超市应设定一定期间的零用金数额，定期前往银行兑换。遇节庆假日时，则应适量增加零用金数额。

（五）金库管理

现金除了存放在卖场的收银机之外，只能固定放置在店长室的金库内。金库应设有"金库现金收支本"，对于取出或存入现金的各种行动必须予以详细记录。任何消费性支出，应附有单据或发票。

金库发现有任何短缺时，应立刻请相关主管人员进行调查工作。

三、商场超市收银错误作业处理

一般而言，收银错误发生的原因有下列几项，作业处理程序说明如下。

（一）为顾客结账发生错误时的注意事项

① 必须礼貌地先向客人解释、致歉，并立即更正。

② 当收银员误将商品价格多打时，可询问客人是否还要购买其他商品，如客人不需要，则应将小票作废重新登录。

③ 如果小票已经打出，应立刻将打错的收银机小票收回，重新打印一张正确的小票交给顾客。

（二）顾客携带现金不足或顾客临时退货时的注意事项

（1）若顾客所携带的现金不足以支付货款时，可建议顾客办理一至两项商品退货。若顾客因钱不足或临时决定不买，绝不可恶言相向。

（2）顾客欲退回其中之一、两项商品时，必须将已打印的小票收回，再重新打出正确的小票给顾客。

（三）金钱收付发生错误的处理

收银员下班之前，必须先核对收银机内的现金、准现金和当日事先收入金库的大钞的合计数，与收银机结出的累积总账条上的应收数额。若二者金额不符，且差额（不论是短缺或盈余）超过一定额度时（此数额可依各店营业状况决定），应由收银员撰写报告书，说明短缺或盈余的原因。

若是金额盈余或短缺，主管可依据收银员个人经验和收银机当日收入金额，分析短缺系由人为或自然因素所造成等情形做出分析，以决定是否应由收银员赔偿该笔缺额，或是部分赔偿。

四、商场超市收银稽核作业

为了及时发现收银作业上的人为弊端，矫正收银员在执行任务时的不良习惯及错误的收银作业，超市应设立专门人员负责执行收银稽核作业。其稽核作业的内容如下。

1. 收银台的抽查作业

稽核人员应于每天在不固定的时间随机抽查收银柜台。抽查项目如下。

（1）检查收银机结出的总营业账条与实收金额是否相符，并登录于"收银机抽查表"。

（2）核对总营业账条的折扣总金额，与该收银柜台"折扣记录单"记录的总额是否相符，以稽核收银员是否私自给予顾客过多的折扣额。

（3）检查收银机内各项密码及程式的设定是否有变动，以免收银人员利用收银机进行舞弊行为。

（4）检查每个收银柜台的必备物品是否齐全。

（5）收银员的礼仪服务是否良好，是否遵守收银作业守则。

2. 清点金库现金

清点金库内所有现金及准现金的总金额，与"金库现金收支本"登录的总金额是否相符；其点数的范围除了大钞之外，还应包括小额现钞及零钱。此项稽核作业可以避免负责金库的相关主管人员，趁机挪用公款移做私人用途。

3. 检查每日营业结算明细

每日结完当日营业总账后，必须将单日营业的收支情形予以记录，用以作为相关部门在执行会计作业时的依据。因此，记录表的登录是否正确，将影响到超市各项财务资料的计算，以及为日后营业方向提供参考。有鉴于此，稽核人员要检查超市人员登录账表的作业情形。

4. 为了要求收银员在执行任务时的正确性及专业性，收银员在金钱收支方面，不论是盈余或短缺，都应由收银员自行负责，以强化收银人员的责任感，并可减少舞弊行为的产生。

五、卖场收银员行窃的预防

（一）借练习操作行窃

大多数电子收款机上都有训练系统供收银员练习，并允许其进行无记录操作。因此，必须认真评价每一个系统，以确定记录范围。

1. 对收银员使用训练系统的要求

（1）收据上至少要在两处打上"作废"标志。

（2）用管理或检查键才可以进入该系统，并且练习的总数必须在检查记录上出现，必须像其他销售一样，一并记入收款机累计账。

（3）所有的练习次数必须在总日志中单独记录。

2. 对收银员借练习操作行窃的防范措施

（1）所有的日志记录和销售收据必须和其他记录一样，用同一方式记录以备将来检查，这是至关重要的防范措施。

（2）如果是机械收款机，则更难防范。因为在练习时，收银员有可能复制正常的交易，所以必须配备一台单独的收款机，并且在管理人员的监督下专门用于练习。

（3）必须严格监督，防止用于少收、欺诈性交易收据，或者其他的非法用途。

上述防范措施，能很好地避免收银员可能利用训练系统进行完全的转移、破坏日志记录，从而导致没有商品登录记录的事情发生。

（二）破坏读账

一个收款机有两个总账。读账即交易时的小计，在一定时间内被收银员和管理者读取，其目的是确定某个特定收银员交易登录的总金额，所以必须对它负责。收银员上班从读账开始，下班以读账结束，中间休息和午餐也要读账。后者减去前者，即是收银员应负责的总金额。

一个工作日内，收银员有4对或更多的读账：开始，第一次休息2个，午餐2个，第二次休息2个，结束。

欺诈行为的完成方式如下。

（1）快下班平账时，收银员从读账里取出一部分，删除它们，然后拿走相应数量的钱。

（2）其他有权平账的人，如出纳、管理者或其他收银员也同样可以拿走相应数量的钱。

（3）收银员在不同的收银通道操作。如果没有通道记录，确定收银员在哪个通道作假是很难的。

（4）发生删除后，唯一的记录只能保留在"×"读账、收银员摘要和交易明细上，但这些重要性的文件往往缺乏安全性，所以，只要有人决定实施这种偷盗，破坏这些文件就很容易。

虽说上述行为第二天早上就可以被核查人员发现，所有收款机的账都不能平，但对这种类型偷盗的防范并不容易。

（三）识别丢失发生的程序

1. 控制键盘钥匙

所有的检查键、优先读账键，或者其他能够读取收款总额的键都必须严格管理。

2. 有序地分配收银通道

收银员的移动必须是连续的，有规律可循的，这样就可以确定谁该在哪个收银通道。

3. 做好日常收款记录的详细明细

必须制作一个程序来跟踪或复制所有收款机的交易明细，因为它是偷盗者第一个要毁掉的记录。

4. 监督总账明细

这个明细账要列出所有收款机的日交易量和累计交易量。同时，也要包括所有的练习和下网的次数。必须注意的是，用手工书写的总账，必须以收款机所产生的实际读账为依据。

5. 严把收款机周检查报告关

这个报告是所有收款机的详细目录。它包括连续号、型号、收款机位置和最后的总额读账。因此，必须加强对这个目录的重视程度。一些处于修理状态的收款机很容易被非法利用，它的记录被破坏，钱被偷走。因此，需要注意的是，一个破坏总额保护措施的最简单办法就是宣称机器出了故障，应该去修理。实际中，必须做到所有收款机的总额一星期清理一次，写入检查报告。报告中也要包括确认所有正在修理或存储有问题的收款机。

（四）等额交易

所谓的等额交易是指顾客结账时交的钱和商品价格相等。主要发生在快速结账或只收现金的通道，通常顾客非常着急，不会等着拿购物小票。

这类交易额的钱是最有机会被偷窃的，因为没有小票的有效记录，钱可能被作为长款放入收款机内，也可能被收银员马上拿走。收银员在任何通道或在结任何数量的商品时都可以使用这种方法，很简单，只要不输入最后一笔商品，然后收银员可以对顾客说忘了输入最后一笔商品，接着用手工把它加在顾客的购物小票上。这样顾客虽然交了手工添加的商品金额，而收银员却得到了相同数量的长款。

进行这种偷窃时，收银员也会有一个会计处理过程，并在方便和安全的时候，将钱偷走。对付这种及其他长款类型的偷盗，最好的办法就是突然地或不定期地检查收款机。

（五）零或无交易输入

这是指不往收款机内输入金额，可制造没有记录的交易而让收款机运行。此种偷盗可以通过以下两种途径完成：

① 敲收款机上的"无交易键"；

② 只使用部门键而不使用金额键。

当然，这两种途径的实现，必须建立在允许使用部门键或零键来驱动收款机，允许没有交易额而输入数字的前提下，况且，这是在收银员认为应该制造点声音来减少注意时使用的。一旦当管理人员在周围巡视或有其他顾客特别注意收款时，顾客的钱就会被作为长款放入收款机，然后就被拿走。当然购物小票一般是不给顾客而是被收银员扔掉。快速收银通道和现金交易通道最容易发生这类偷盗行为。

（六）等额退款

这是指商品被退回时给顾客开具退货凭证，商品却又按原价用退货券再卖出去。无偷盗可能的前提是，必须把商品输入，然后再退款来平现金账。当然，没有输入商品而是用退现金来代替合法交易，这样收银员就制造了长款，形成偷盗。

六、卖场收银的防损训练

（1）检查每个购物手推车的底端，确保没有更小的物品藏于其下。

（2）检查大包装商品，以防藏匿其他小物品。

（3）检查顾客手中的杂志报纸，防止藏匿扁平物品。

（4）防止以次换好，防备有人将一个商品通用条码附在原有的正确条码上，以便低价购物。

（5）正在进行收款录入的时候，有顾客不停地谈话，要保持警惕。

（6）无顾客结账时，要不停地扫视出口和通道。如在等下一个顾客结账时，应保持与前一个顾客的联系。

（7）当对一个顾客产生怀疑时，要保持冷静和礼貌，并通知主管或卖场其他负责人。

（8）注意装粮食、纸巾卷等包装的重量，并检查包装上的破裂和小孔，因为偷盗者经常用这类包装物藏匿其他小商品。

（9）若发现小孩在吃卖场里的东西，而其父母却假装不知的话，应采取和善的态度提醒一下，以达到收回货款的目的。

第三章 商场超市仓储作业与安全管理

Chapter

一个好的商场超市离不开仓库管理，只有做好商场超市仓库管理这个看起来不起眼，但实际很重要的工作，才能确保商场超市正常营运。商场超市仓库管理有两个工作重点：仓库管理作业和盘点作业。商场超市仓储安全管理是仓库管理工作的主要内容之一，它包括：安全操作管理制度化、加强劳动安全保护、作业人员安全教育、人力作业的安全操作要求、机械作业的安全操作要求，以及防火防盗这个重点工作。

第一节 商场超市仓储作业与安全管理的内容

仓储部门的安全作业管理，主要是针对作业现场及作业人员进行管理。一方面，加强宣传教育，提高作业人员的安全防范意识和责任心；另一方面，要加强日常检查、维护工作，做好作业设备和场所的安全防护，消除不安全因素。

> 仓储安全作业是指在商品进出仓库、装卸、搬运、储存、保管过程中，为了防止和消除伤亡事故，保障员工安全，减轻繁重的体力劳动而采取的安全措施，它直接关系到作业人员的人身安全、货物的安全、作业设备和仓库设施的安全。

仓储作业安全管理是经济效益管理的重要组成部分，仓库的作业安全管理工作应包括如下内容。

一、安全操作管理制度化

安全作业管理应成为仓储部门日常管理的重要内容之一，通过制定科学合理的各种作业安全制度、操作规程和安全责任制度，以及严格的监督检查制度，进行制度化的管理，确保管理制度得以充分和有效的执行。

二、加强劳动安全保护

仓库要遵守《劳动法》的劳动时间和休息规定，每日 8 小时、每周不超过 44 小时的工时制，依法安排加班，保证员工有足够的休息时间，包括合适的工间休息。劳动安全保护包括直接和间接施行于员工人身的保护措施。提供合适和足够的劳动防护用品，如高强度工作鞋、安全帽、手套、工作服等，并督促作业人员正确使用和穿戴。

采用具有较高安全系数的作业设备、作业机械，作业工具应适合作业要求，作业场地必须具有合适的通风、防滑、照明、保暖等适合作业的条件。不进行冒险作业和不安全环境的作业，在大风、雨雪影响作业时暂缓作业。避免人员带伤病作业。

三、加强作业人员安全教育

从事特种作业的员工必须经过专门培训，并取得特种作业资格，方可进行独立作业，且仅能从事其资格证书限定的作业项目操作，不能混岗作业。从事仓储作业的员工，必须接受仓库安全作业方面的教育和培训，确保熟练掌握岗位的安全作业技能和规范。安全作业宣传和教育是仓库的长期性工作，作业安全检查是仓库安全作业管理的日常性工作，通过不断的宣传、严格的检查，对违章和忽视安全行为严厉地进行惩罚，强化作业人员的安全责任心。

四、重视仓储部门的安全作业

仓储部门要把安全作业的宣传和教育作为一项长期性工作，常抓不懈。要把对违章作业和忽视安全的行为的惩罚，作为强化作业人员安全作业的一项严厉的手段，起到防微杜渐的作用；要把仓储安全作业的检查、监督作为一项日常性的重要工作，并实现制度化。

第二节　商场超市仓储作业安全的基本要求

仓储作业安全的基本要求因操作方式的不同而有所不同。通常是按照人工作业方式和机械作业方式这两种常规的仓储作业方式，对仓储安全作业的相关要求进行细化。从作业人员、作业机械设备和储存商品免受损害的角度分析，仓储作业安全的基本要求就是按照规范操作，注意安全防护。

仓储作业安全的基本要求包括人力作业和机械作业两方面内容。

一、人力作业的安全操作要求

由于人工作业方式受到作业人员的身体素质、精神状况和感知能力、应急能力等多种因素的影响，因此必须做好作业人员的安全作业管理工作。具体要求如下。

（一）合适的作业环境和适量的负荷

对于存在潜在危险的作业环境，作业前要告知作业人员，让其了解作业环境，尽量避免作业人员身处或接近危险因素和危险位置；作业现场必须排除损害作业人员身心健康的因素；人力作业仅限制在轻负荷的作业，不超负荷作业，人力搬运商品时要注意商品标重，一般而言，男性员工不得搬举超过 80kg 的商品，女性员工搬运负荷不得超过 25kg，集体搬运时每个人的负荷不得超过 40kg。

（二）尽可能采用机械作业

机械承重也应在限定的范围，如人力绞车、滑车、拖车、手推车等不超过 500kg。

（三）做好作业人员的安全防护工作

作业时注意人工与机械的配合；作业人员要根据作业环境和接触的商品性质，穿戴相应的安全防护用具，携带相应的作业用具，按照规定的作业方法进行作业；不得使用自然滑动、滚动和其他野蛮作业方式；在机械移动作业时人员需避开移动的商品和机械。

（四）只在适合作业的安全环境进行作业

作业前应使作业员工清楚地明白作业要求，让员工了解作业环境，指明危险因素和危险位置。

（五）作业现场必须设专人指挥和进行安全指导

在作业设备调整时应暂停作业，适当避让；安全人员要严格按照安全规范进行作业指挥；指导人员避开不稳定货垛的正面、运行起重设备的下方等不安全位置进行作业；发现作业现场存在安全隐患时，应及时停止作业，消除隐患后方可恢复作业。

（六）合理安排作息时间

为保证作业人员的体力和精力，每作业一段时间应作适当的休息，如每作业 2 小时至少有 20 分钟休息时间，每 5 小时有 1.5 小时休息时间，还要合理安排喝水、吃饭等生理活动的时间。

二、机械作业的安全操作要求

机械安全作业管理的内容，主要是注意机械本身状况及可能对商品造成的损害。具体要求如下。

（1）所使用的设备应无损坏，特别是设备的承重机件，更应无损坏，符合使用的要求，不得使用运行状况不好的机械设备作业；在机械设备设计负荷许可的范围内作业。作业机械设备不得超负荷作业；危险品作业时还需减低负荷 25％作业。

（2）使用合适的机械、设备进行作业。尽可能采用专用设备作业，或者使用专用工具。使用通用设备，必须满足作业需要，并进行必要的防护，如货物绑扎、限位等。

（3）设备作业要有专人进行指挥。采用规定的指挥信号，按作业规范进行作业指挥。

（4）移动吊车必须在停放稳定后方可作业。货物不能超出车辆两侧 0.2m，禁止两车共载一物。叉车不得直接叉运压力容器和未包装货物；移动设备在载货时需控制行驶速度，不可高速行驶。

（5）载货移动设备上不得载人运行。除了连续运转设备外（如自动输送线），其他设备需停止稳定后方可作业，不得在运行中作业。

（6）采用移动机械设备作业时，要注意移动速度的限制，保持安全间距。移动设备在载货时需要控制行驶速度，不得高速行驶；移动吊车必须在停稳后方可作业；移动设备在载货时上面不得载人；车载货物不得超出车辆两侧 0.2m；多车同时作业时，直线前后车距不得小于 2m，并排停放的两车侧板距离不得小于 1.5m；汽车与堆垛距离不小于 2m，与滚动物品不得小于 3m；移动机械设备装载、起吊商品应进行稳妥固定和牢固绑扎。

第三节　商场超市仓储作业安全管理的特点

现代安全管理就是应用现代科学知识和工程技术，研究、分析、评价、控制，以及消除物资储存过程中存在的各种危险，有效地防止灾害事故，避免遭受损失。加强商场超市仓库的安全管理，重要的是总结出仓库事故发生、发展的规律，弄清仓库安全管理工作的特殊规律，针对性地采取相应措施。现代仓库安全管理，其基本内容、要求及主要特点如下。

一、从总体出发，实行系统安全管理

商场超市仓库安全管理的内容主要如下。

（1）建立仓库安全管理组织体制，对仓库安全组织机构设置原则、形式、任务、目标等内容进行优化。

（2）加强仓库作业生产安全管理，如仓库储存作业、收发作业的安全管理。

（3）加强仓库安全管理基础工作，如仓库安全管理法规建设、仓库安全培训教育的组织与实施、仓库安全设计及其评价、仓库安全检查方案的制定与实施等。

（4）仓库设施、设备的安全管理，如仓库库房、装卸搬运设备、电气设备、通风设备、消防设备等的安全管理及事故预防措施。

（5）仓库检修作业安全管理。

（6）仓库劳动保护。

（7）仓库安全评估。

（8）仓库人员安全管理。

（9）仓库事故管理。

各个仓库安全管理内容和安全管理环节之间形成相互联系、相互制约的体系。因此，仓库安全管理不能单单对个别环节或在某一局部范围内分析和研究安全保障，而应该从系统的总体出发，全面地观察、分析和解决问题，才可能实现系统安全的目标。

系统安全管理应该从仓库储存规划可行性研究中的安全论证开始，包括安全设计、安全评价、安全审核、安全检查、规章制度、安全教育与训练，以及事故管理等各项管理工作。

二、预防事故为中心，进行安全分析与评价

预测和预防事故是仓库安全管理的重要内容之一，要对仓库作业系统中固有的及潜在的危险进行综合分析、测定和评价，进而采取有效的方法、手段和行动，控制和消除这些危险，以防止事故，避免损失。

（一）危险性预测的基本内容

（1）系统中有哪些危险；

（2）可能会发生什么样的事故；

（3）事故是怎样发生的；

（4）事故发生的可能性有多大，即用事故发生的概率或用既定的危险性量度表示，以及危害和后果是什么。

（二）预防事故的根本目的

预防事故的根本在于认识危险，进行危险性预测，运用科学知识和手段，对工程项目、仓库作业系统中存在的危险，以及可能发生的事故及其严重程度，进行分析和判断，并进一步作出估计和评价，以便于查明系统的薄弱环节和危险所在并加以改进，同时，也可对各种设计方案能否满足系统安全性的要求进行评价，以此作为制定措施的依据。

（三）建立安全防护系统

为保障仓库安全，对于储存危险性的物资，即有足够潜在能量形成足以毁坏大量库存物资或造成人员伤亡的条件，而且有引起火灾爆炸等灾害的实际可能性情况，必须预先建立完善的和可靠的安全防护系统。对各项安全设施与装置的选择以及设置的数量，应通过安全评价确定。其评价方法为分析和预测系统可能发生的故障、事故及潜在危险，通过有组织的评价活动，确定危险度等级，并以此为依据，制定相应合理的安全措施。

三、进行数量分析，为管理提供科学依据

现代安全工程的方法研究，是把安全中的一些非定量的因素采取定量分析，把安全从抽象的概念转化为一个数量指标，从而为安全管理、事故预测和选择最优化方案提供了科学的依据。安全工程所研究的问题，说到底是一个划界的问题，也就是划定安全与危险的界限，可行与不可行的界限。现代安全工程通过定量化处理，来划定系统的危险度等级及其相应的安全措施。

安全的定量化分析包括以事故发生频率、事故严重率、安全系数、安全极限和以预选给定数值作为尺度进行分析比较的相对方法，以及用事件发生的概率值作为安全量度的概率方法。

对安全进行数量分析是安全科学日益发展、完善的一个标志。运用数学方法、计算技术研究故障和事故同其影响因素之间的数量关系，揭示其间的数量变化及规律，就能够对危险性等级及可能导致损失的严重

程度进行客观的评定，从而为选择最优的安全措施方案和决策提供依据。

四、紧抓安全重点，做好防火防盗

仓库的治安保卫管理工作的具体内容包括维持仓库内秩序，防破坏、防盗、防抢、防骗，以及防止财产侵害、防火，防止意外事故等仓库治安灾难事故，协调与外部的治安保卫关系，保证库内人员生命安全与物资安全等，重点是防火防盗。

（一）仓库治安保卫工作的实施

仓库治安保卫工作及要求如下。

1. 守卫库区大门

库区大门是库区与外界的连接点，也是仓储部门承担商品保管责任的分界线。仓库需要通过围墙或其他物理设施与外界隔离，设置一两个大门。大门守卫是维持仓库治安的第一道防线，大门守卫除了要负责开关大门、限制无关人员、接待入库办事人员，并及时审核身份与登记以外，还要检查入库人员是否携带火源、易燃易爆商品，检查入库车辆的防火条件，指挥车辆安全行使、停放，登记入库车辆，检查出库车辆，核对出库货物与放行条内容是否相符，收留放行条，查问和登记出库人员随身携带的商品，特殊情况下有权查扣商品、封闭大门。

2. 库区要害部位的守卫

对于危险品、贵重商品、特殊商品储存仓库、货场，需要安排专职守卫看守，以限制无关人员接近，防止危害、破坏和失窃。

3. 巡逻检查

巡逻检查是指专职保安员不定时、不定线、随时巡视整个库区每一个位置的安全保卫工作，一般安排两名或两名以上保安员一起巡视，携带保安器械和强力手电筒进行巡视。巡逻检查中发现不符合治安保卫制度要求的情况，应采取相应的措施处理或者告知主管部门处理。保安员应查问可疑人员，检查各部门的防卫工作，关闭无人逗留的办公室、关好仓库门窗、关闭电源，禁止挪用消防器材，检查仓库内有无异常现象，停留在仓库内过夜的车辆是否符合规定等。

4. 防盗设施、设备的使用

仓库使用的防盗设备除了专职保安员的警械外，主要有视频监控设备、自动警报设备、报警设备，仓库应按照规定合理利用配置的设备，专人负责操作和管理，确保其有效运作。仓库的防盗设施大至围墙、大门、防盗门，小到门锁、窗、仓库，应该根据法规规定和治安保管的需要设置和安装这些设施。

5. 货物管理

（1）一般货物安全管理　货物在库存储，要有专人负责，保管员要经常检查。货物储存要分区分类，原则上要求不同类型的货物不能混存。

（2）特殊货物安全管理　特殊货物是指稀有贵重金属材料及其成品、珠宝玉器及其他贵重工艺品、贵重药品、化学危险品、仪器、设备、特需物品等。储存此类物品，除了要遵循一般货物的管理制度和公安部门的管理规定外，还需要根据这些货物的性质和特点，制定专门的存储管理办法。其主要内容如下。

① 要坚持严格的审批、收发、交货、退货、登账制度，预防在运输、存储、装卸、堆码、出入库等流转过程中发生丢失或错发错收事故。

② 保管特殊货物要由有业务技术专长的人员负责，并必须是两人以上，一个人无收发权。

③ 设专柜（库）储存。储存场所必须要符合防盗、防爆、防火、防破坏等条件。根据情况安装监视器、防盗门、报警器等装置。外部人员严禁进入库房。

④ 特殊货物要有特殊的保管措施，要经常进行盘点和进行检查，确保账物相符。

⑤ 对过期失效和报废的易燃、剧毒、易爆、污染、腐蚀、放射性等货物，要按照公安部门和环保部门有关规定进行处理和销毁，不得随意处置。

6. 治安应急

治安应急是指商场超市的仓库发生治安事件时，采取紧急措施，防止和减少造成损失事件的制度。治安应急需要通过制定应急方案，规定发生事件时的信息（信号）发布和传递方法，明确应急人员的职责，以经常的演练来保证实施。

7. 治安检查

治安责任人应按规章准则经常检查治安保卫工作，督促照章办事，并进行相关设施的管理及检查。班组每日检查、部门每周检查、仓库每月检查，及时发现治安保卫漏洞、安全隐患，采取有效措施予以消除各种隐患。治安检查实行定期检查与不定期检查相结合的制度。

（二）仓库防火工作的实施

仓库是商品储存的基地，必须搞好以防火为中心的仓库安全工作，以保证商品的安全，特别是管理人员要把防火安全纳入议事日程，定期研究，做到与业务生产工作同计划、同布置、同检查、同评比，把防火安全工作真正落实到实处。

要认真贯彻执行公安部颁布的《仓库防火安全管理规则》，坚持经常做好广大职工的安全思想教育，提高警惕，自觉做好仓库防火安全管理工作。

仓库的安全管理分为以下两个方面：

① 对仓库和商品的安全管理；

② 对职工的安全进行管理。

对仓库和商品的安全管理工作要求如下。

（1）消防。要贯彻"以防为主，以消为辅"的消防工作方针，要建立有领导负责的逐级防火责任制和岗位防火责任制。仓库要设置专业或兼职的防火专员，建立专职消防组织与义务消防组织；建立防火安全教育制度，组织职工学习安全技术知识与扑救方法；配备足够的消防设备，保持完整好用；要有健全的消防制度，对重点要害部位，要定点、定人、定措施；要建立防火档案和制定灭火作战计划，以预防火灾，或发生火警和其他事故时，能及时防止灾害和造成更大损失。

（2）巡查。要加强仓库治安保卫工作的领导，同时要结合实际情况，建立门卫检查、警卫执勤、巡逻、值班等制度，以确保仓库安全。

（3）安全检查。为了消除隐患，堵塞漏洞，仓库管理应采取定期检查与经常性检查相结合，领导检查与专员检查相结合的方法，实行逐级负责的检查制度。仓库检查应以防火安全为中心，在检查中发现问题，应当做出记录，及时研究解决，逐项落实，以保证仓库和商品安全。

第四章 商场超市设备维护与安全管理

设备安全运行是商场超市正常营业的基础，没有设备安全运行，就没有商场超市正常的营业。商场超市的设备很多，如打价机、封口机、手包机、打码机、打印机、电子秤、扫描仪、促销车、购物车、婴儿车、货梯、自动扶梯、观光电梯、人字梯、冷库、收银机、UPS、电脑、游戏机、平板车、垫板、手动液压叉车、应急照明装置、监控设备、电子防盗设备、各部门的钥匙等，对于这些设备的安全操作与维护，是设备安全管理的主要内容。

第一节 商场超市设备维护范围与工作流程

一、商场超市设备管理的目的和维护范围

（一）商场超市设备管理的目的

制定商场超市设备、设施维护规范的目的，是为分店设备、设施的保养维护工作提供依据，确保商场超市各类设备、设施的正常使用。其适用范围是：设施进行维护，以及商场超市员工在对店内设备维修、保养的工作过程。

（二）商场超市设备管理的维护范围

商场超市设备、设施是指陈列在商场超市的冷柜、电脑、收款机、空调、监控设备、办公台、货架、精品柜台、购物车、购物篮等。

另外，还有商场超市卖场内的电梯、照明灯具等。

（三）商场超市设备管理的责任人

设备、设施的维护保养的主要责任人，为各设备所在区的理货员及主管。紧急故障按《应急处理工作规范》执行。设备、设施故障报到维修组后，一般故障维修组要在 8 个工作小时内到达故障现场进行检修，提出维修方案；属保修或委外维修的，要立即进行咨询，并确定预计完成时间；属自行维修的，要立即确定完成时间。

二、商场超市设备维护工作要求及流程

（一）商场超市设备维护工作的要求

设备、设施的维护保养工作，按《设备、设施维护项目表》实施，并在交接班时做好相关记录。

设备维护工作要求如下。

1. 空调

经常清洁，加制冷剂；建立设备、设施档案。

2. 电脑

保持清洁，保证屏幕可见度正常；经常清理硬盘空间；防磁、防潮；建立设备、设施档案。

3. 收款机

保持清洁，保证屏幕可见度正常；防磁、防潮；建立设备、设施档案。

4. 监控设备

保持清洁，屏幕可见度正常；防磁、防潮；建立设备、设施档案。

5. 货架

保持清洁，防湿；经常检查货架的螺钉接口处是否有松动，并进行处理。

6. 购物篮

保持清洁，检查购物篮的把手是否可正常使用。

7. 精品柜台

保持清洁，轻拿轻放。

8. 购物车、平板车

定期对购物车的车轮进行润滑，保证其正常使用，润滑工作每个月至少一次；保持清洁，经常检查车轮、螺钉是否有松动，并进行处理。

9. 办公室

保持清洁，注意防潮。

（二）商场超市设备维护工作的流程

为了提高设备使用寿命和正常运转的效率，保证商场超市正常运营，商场超市的设备维护工作至关重要。一般来说，商场超市设备的维护流程如下。

1. 报修

由理货员、各区主管、维修工负责。理货员发现设备、设施故障，报各区主管，各区主管向维修工报修，维修工根据报修情况，对故障设备、设施进行检查，确定是自修还是委外维修，并根据《设备、设施维修档案》（表4-1），查看是否在保修范围，填写维修事项申报表。

表 4-1 设备、设施维修档案

设备名称	故障时间	维修时间	故障原因	解决办法	修后状态	维修机构	设备操作者

2. 维修

维修分为自修、委外维修、包修三种。自修是维修工根据故障情况购买零件，在规定时间内维修好设备、设施；委外维修时维修工根据故障情况，寻找有维修资格的外方单位，确定维修完成时间、报价，上报商场管理部。商场管理部对报价进行审计后，根据公司规定向维修单位进行费用申请、报批。维修工联络维修单位进行维修，有必要时签订维修合同。包修是维修工根据《设备、设施档案》上的记录，联系保修单位，告知故障原因、询价、确定维修时间。当所需费用超过维修工权限时，根据公司规定写维修申请报告进行申请、报批。

3. 验收

维修完成后交使用区的主管、理货员，进行验收并签名确认。有关费用，要求取得发票，到财务部报销。

第二节 商场超市警卫设备操作安全管理

一、监控设备安全操作要求

① 开机前应清洁监视屏幕。

② 不得随意挪动监控设备位置。

③ 已调整好角度的屏幕不得再随意调动。

④ 按照正确的开机程序打开监控设备。

⑤ 不得频繁开关设备。

⑥ 出现故障应立即汇报，并通知有关人员维修。

二、电子防盗设备安全操作要求

（1）营业前，卖场行政人员要检查防盗门的电源是否插好，软标签通过时是否能正常报警。

（2）营业前，收银员应检查消磁板电源是否插好，硬标签放在上面发出响声是否正常。

（3）金属商品或带有铝铂纸的商品不能使用软标签。

（4）对于一部分为金属，另一部分为其他材料的，把软标签贴在其他材料上面。

（5）防盗门周围 0.5m 内，不能有金属物品或装有防盗标签的商品。

（6）防盗门应保持连续通电工作，严禁随意断电。特殊原因断电后，必须间隔 5 分钟后再开启。

（7）收银员收银时，首先用扫描器阅读商品条码，确认商品信息输入电脑后，再把商品放在消磁板上。

三、各部门钥匙的管理

一般中型规模以上的商场超市，钥匙管理的要求比较严格。就钥匙来说，常用钥匙上班中由各单位保管，但下班后就必须交回守卫室保管。另外，商场超市必须保留预备钥匙，以备急需。此预备钥匙必须由行政部门保管，不能随便取用。取用前应填写申请单，核查认可后方准交其使用。

1. 钥匙使用流程说明

钥匙的使用流程及注意事项。

① 上班前，应由单位主管或指定代理人到办公室领取钥匙，并于钥匙领取登记簿上登记领取时间及签名后，负责开启各楼的门锁。

② 上班中，钥匙由单位主管或其代理人保管。

③ 下班时，由各单位主管或代理人负责将该单位的门锁上锁，将钥匙取齐，拿到办公室钥匙箱内吊好，并于钥匙领取登记簿上登记缴交时间及签名，当值人员负责清点。

2. 非营业时间的钥匙管理

钥匙使用时间在非营业时间必须加强管制，其规定有下列两项。

（1）后勤单位按上班时间提前 10 分钟，才可领取钥匙进入该单位，如因工作业务需要提前进入，必须事前提出申请，经行政主管核准后方可提前领取钥匙。

（2）非营业时间内欲进入门市工作者，应由单位主管填写非营业时间进入门市工作申请表，经店长或行政主管核准后转至守卫室，方可按申请时间提前领取钥匙进入门市，进入门市后，由主管负责人员、商品的安全责任。

一般商店对于出纳、收银机钥匙的保管会特别严格要求，因此，出纳室及收银机方面的钥匙应交给出纳室主管妥善保管。

第三节　商场超市包装打码设备使用安全管理

一、打价机

打价机用于商品价格标贴的打印、粘贴。其安全操作要求如下。

（1）核对实物和标价签无误后，按照标价签上的编码和价格调出相应的数字，并核对打出的价格、编码是否正确。

（2）按照打价机说明书中的装纸要求，将打价纸装入机内。合上打价机底盖时，严禁用力过大。

（3）调校数字时，轻轻拉动数字调节器尾端，将指示箭头对准所调数字的位置后，再转动数字调节旋钮，调出所需数字。当箭头在两数字中间位置时，严禁转动调节旋钮。

（4）打价机使用完毕后应放在指定位置，严禁随手放在商品上、货架上或地上。

（5）当打出的字迹不清晰时，必须给油墨头加墨，加墨量一次控制在 2～3 滴。

二、封口机

封口机安全操作要求如下。

（1）封口机的主要用途是压封商品塑料包装袋。

（2）每次压封时间必须控制在 10 秒以内，严禁超时。

（3）压封强度不能过大，而且应待塑料袋冷却后方可取出。

（4）严禁空压机器。

（5）应经常用干抹布擦拭机身，保持接口处电热丝洁净。清洁时必须切断电源。

三、手包机

手包机安全操作要求如下。

（1）手包机主要用于密封包装所销售的各种商品。

（2）手包机使用前需要预热 20 分钟。

（3）手包机预热后严禁用手或利器接触发热板。

（4）使用时应注意温度的调节，严禁长期处于高温状态。

（5）发热板严禁沾水。

（6）手包机使用时间长后会产生大量静电，应拔除电源后将机壳接触墙壁，导走静电后再重新使用。

（7）严禁在设备表面上放置其他物品。

（8）设备表面需要保持洁净。

四、打码机

打码机安全操作要求如下。

（1）开启打码机电源开关时，需要检查指示灯是否显示色带、标签已安装正常。

（2）安装标签和色带时，注意不要划伤打印头。

（3）更换不同类型标签时，应该做好检测工作。

（4）打印头必须两天清洁一次，若使用频繁，必须一天清洁一次。

（5）未经电脑部相关人员的许可，禁止随便搬动、拔插打码机的电源线和数据线。

（6）每次更换色带时，必须用酒精和棉签清洁打印头及滚筒。

（7）发现故障时，需要立即和电脑部相关人员取得联系。

五、打印机

打印机安全操作要求如下。

（1）必须保持清洁卫生、摆放整齐，以及严禁随便移动或私自拆卸。

（2）不能在换打印纸、色带、墨盒及撕纸时野蛮操作。针式打印机在工作时，应该用面板上的按钮调节纸张位置，禁止手动走纸。

（3）打印机正在打印时，使用人员应注意看守，如出现卡纸时应立即停机处理。

（4）当打印头或走纸轴上贴有条码纸时，不得强行或用锐器协助取出。

（5）严禁在针式打印机上打印图形文件。

（6）使用多层打印纸时，控制按钮一定要调到相应的数字指示位置。

（7）未经许可严禁使用网络打印机。

（8）若发现打印机有异常时，应立即和电脑部联系，严禁自行维修。

六、电子秤

电子秤安全使用准则如下。

（1）电子秤用于商品的称重及条码的打印。

（2）电子秤不能摆放在高温、潮湿或多油烟处，必须放在规定位置，严禁随便挪动。

（3）电子秤的放置要平稳，使用前要调平。

（4）使用时要先打开电子秤总开关，再打开秤面开关，观察机器自检状况是否正常，如出现异常情况，应及时通知电脑部驻店人员。

（5）电子秤的称重量严禁超过其额定称重量。

（6）对无包装的商品，要用包装袋将商品包扎后再放在电子秤上称重。

（7）对托盘及待称的商品应注意轻取、轻放。

（8）注意电子秤的卫生，需经常清洁电子秤托盘、外壳、客户屏上的油污和水迹。

（9）整理好电子秤外围的电源线、数据线。

（10）未经电脑部人员的许可，严禁随便拔插其电源线、数据线。

（11）每日早班使用者必须打出条码标签，检查其日期是否正常。

（12）严禁擅自对电子秤进行调节，更不能更改其任何设置。

（13）装卸打印标签时，首先提取打印头，然后取出打印体，禁止不正确操作造成人为损坏打印头。

（14）出现条码纸卡纸时，不能用硬物撬取，应用手慢慢将卡纸取出。

（15）当打印头或走纸轴上贴有条码纸时，不得强行或用锐器协助取出，否则容易损坏打印头。

（16）更换条码纸必须按走纸键测试。

（17）使用人员每周应清洁电子秤的打印头。

（18）水分含量较大的商品称重时，电子秤下方必须用托垫垫起，上面需要另加托盘，以防水分浸入机壳。

（19）设备出现故障时（如条码打得不清晰、不规范或前台无法扫描等），必须立即通知电脑部驻店人员来处理。

（20）营业结束后，按照先关秤面开关、后关总开关的顺序，将电子秤电源关闭。

（21）电子秤应根据国家的规定进行年审。

七、扫描仪

扫描仪安全操作要求如下。

1. 台式扫描仪

（1）保证台式扫描仪的位置摆放正确。

（2）接通电源后，绿色指示灯亮，内置马达高速旋转，听到连续的"嘟"声，并产生垂直向上、纵横交错激光网，表示扫描仪正常工作。

（3）扫描商品条码时，应注意条码是否有断码、变色、模糊等现象；若商品条码正常，应将商品条码朝下，顺箭头方向扫入，听到"嘟"一声响，表示条码信息已被正确输入。

（4）若扫描仪面板上红灯亮，扫商品时听不见"嘟"一声响或扫条码后无商品资料显示等现象时，应立即通知电脑部相关人员。

（5）平常注意避光避灰尘，保持扫描窗口表面的清洁。

2. 手持扫描仪

（1）开机前，先检查一下设备连接端子，是否插在正确位置。

（2）如有异常现象（如扫描仪亮红灯、开机或扫条码无"嘟"的一声、商品信息无法输入）等，必须及时与电脑部人员联系。

（3）接通电源后，扫描仪绿色指示灯亮，同时听到"嘟"一声响，即表示扫描仪处于待机状态。

（4）使用时应注意商品条码是否有断码、变色、模糊等现象。

（5）商品扫描时，手握扫描仪手柄，将扫描窗口对准商品条码，商品条码与扫描仪之间的距离不超过 30cm。

（6）当扫描仪发出"嘟"的声响，表示商品条码已被识别输入。

（7）待机时，需小心置放于托架上，当收银台关闭时，也需切断手持扫描仪的电源。

（8）平常要保持扫描仪表面清洁，轻拿轻放，严禁摔碰。

第四节　商场超市购物车辆安全操作要求

一、促销车安全操作要求

（1）使用的促销车可以根据销售情况适当调整车位。

（2）促销车上摆放的商品重量不能超过促销车额定载重量。

（3）促销车主要用于摆放促销商品，改善商品展示效果和展位的灵活调整。

（4）供应商使用的促销车，应该在指定的促销位置摆放。

（5）使用人员负责每天清洁促销车。

（6）收回的促销车要存放在指定位置，由行政部负责保管、清理及维护。

（7）卖场行政专员负责促销车的发放，发放及收回前均需要检查车辆卫生及完好状况。每次使用完毕要求使用人清洁后方可收回。

二、购物车安全操作要求

（1）禁止有蹬踏购物车、站立于车身、推着购物车奔跑、把车推上自动扶梯等现象发生。

（2）购物车还原人员应在顾客使用后，及时将购物车（篮）还原到指定位置。

（3）购物车还原人员应每天检查购物车的使用状况，清除车轮上缠绕的异物。

（4）购物车为顾客在卖场选购商品时使用，由购物车还原人员负责整理和保管。

（5）营业结束后由防损员负责清点购物车（篮）数量，如有丢失由当班防损员负责赔偿。

三、婴儿车安全操作要求

（1）婴儿车供带婴儿的顾客使用。

（2）员工应该指导顾客如何正确使用婴儿车。

（3）柜组人员应随时将顾客使用完毕的婴儿车还原到指定位置。

（4）婴儿车布每半个月由清洁工清洗一次，有明显污迹的应随时清洁。

（5）婴儿车在营业前、后应存放在指定的位置。

第五节　商场超市电梯及其他登高器具使用安全管理

一、货梯

货梯安全操作要求如下。

① 卖场内货梯由专人开启、关闭。

② 严禁把货梯作为代步设施使用。

③ 严格按照货梯使用说明操作，不得大力敲击操作键。

④ 搬运商品进出货梯时不得碰撞货梯。

⑤ 货梯不得超载。

⑥ 货梯到达后，应立即把商品一次性卸下，不允许用物品阻挡货梯门，长时间占用货梯。

⑦ 发现不安全因素时应停止使用，如中途出现故障，应按铃求援，不允许乱搞操作键。

二、自动扶梯

（1）自动扶梯由卖场管理人员统一开启、关闭。

（2）不得用自动扶梯上下搬运商品。

（3）不可擅自按紧急停机按钮，如发现扶梯有异常，应及时通知商场超市管理人员。

（4）保持扶梯清洁，不得将杂物扔在扶梯上。

三、观光电梯

如果有观光电梯的商场超市，观光电梯也是安全管理的范围之一。

（1）观光电梯由卖场管理人员统一开启、关闭。

（2）不得使用观光电梯上下搬运商品。

（3）保持电梯清洁，不得将杂物扔在电梯内。

四、人字梯安全使用准则

（1）上下货架时应使用人字梯，严禁攀爬（货架本身附有梯子的除外）。

（2）搬梯时用单掌托起与肩同高的梯子，手背贴肩，保持梯子与身体平行；另一只手扶住梯子以防摆动，不允许横向搬梯或将梯子放在地上拖行。

（3）使用前应把梯子完全打开，将两梯中间的连接横条放平，保证梯子四脚完全接触地面（因场地限制不能完全打开除外）。

（4）不能将未打开的人字梯斜靠在货架上作单梯使用。

（5）使用人字梯向货架上取（放）重物时，需有人扶稳梯子。

（6）从货架上下梯时，要先确定梯子放稳后再下梯。

（7）梯子外借后，借出人应负责收回，并检查梯子是否完好。

（8）应每周检查梯子的安全状况，如出现下列情形，梯子应暂停使用并进行维修：

① 连接处螺钉断落、松脱；

② 四脚防滑垫脱落或底部磨平，失去防滑功能。

第六节　商场超市其他设备安全管理

一、冷库

1. 冷库分类

冷库分为低温冷库、中温冷库和高温冷库。低温冷库库内温度为

－20～－10℃；中温冷库库内温度为－10～－2℃；高温冷库库内温度为－2～12℃。冷库的开关由卖场指定人员负责操作，但严禁调节冷库温度；柜组使用人员禁止开关冷库。

2. 冷库的安全操作要求

操作人员注意事项如下。

（1）食品冷藏时，禁止将不同种类和温度要求的商品混合存放，以免产生串味，应根据不同的种类和不同的储存温度分别存放。

（2）严禁在冷库板和地面上进行敲打钻孔，严禁运货平板车碰冷库库板。

（3）往吊架上挂货品时要轻拿轻放，进出冷库要及时关门以避免冷气外漏。

（4）应每小时检查一次温度，并在登记卡上做好记录。

（5）操作人员每天对冷库和冷库内肉类加工设备，及其周边的环境进行清洗和消毒。

（6）存入冷库的商品应包装好，避免异味。

（7）食品进入冷库之前，必须进行严格的质量检查，变质的食品不能入库，以免感染其他食品。

（8）操作人员平时应及时清理冷库内的冰、霜和积水，每周对冷库进行一次全面清理，在清理卫生时，低温、中温冷库只能用干拖把和干抹布清理。

（9）营业结束后必须将冷库的照明灯电源关闭，库门锁紧。

二、收银机

（1）收银机由收银员负责日常使用和管理工作。

（2）每天必须清洁收银机及其外围相关设备。

（3）电脑部人员对收银机的键盘、打印机、内壳进行清洁，每月不少于一次。

（4）开机时必须先打开 UPS 电源，再开启主机电源；关闭时必须先退出收银系统，关闭主机电源，再关闭 UPS 电源，盖上防尘罩。

（5）禁止用力敲击键盘、随意转动显示屏，造成显示屏数据线松动或扭断。

（6）在收银机上禁止放置任何物品，其周边禁止放置液态物品，以防液体浸入机身。

（7）当收银机不小心浸入液体时，必须立即切断电源，并通知电脑部人员到场处理。

（8）当收银机出现故障时，需要立即通知电脑部人员到场解决，并尽量保护故障现场。

（9）当收银机相关设备损坏时，必须马上通知电脑部人员，并将损坏部分交还电脑部。

三、UPS

（1）保持 UPS（不间断电源）外壳的洁净，严禁把 UPS 放置于潮湿的地方，严禁在 UPS 上及使用中的 UPS 外围放置任何物品。

（2）开启电脑设备之前，应先开启 UPS；关闭 UPS 之前，应先关闭电脑设备。

（3）在开启或使用 UPS 中发出警报声及非正常声音时，必须立即通知电脑部值班人员。

（4）在带电的情况下严禁搬动 UPS、拔插 UPS 上的电源线。

（5）禁止在 UPS 上接与电脑无关的设备，禁止超负荷运行。

（6）未经电脑部人员的许可，严禁以任何理由打开机壳。

（7）在使用中的 UPS 电源一旦短路，必须立即切断电源，通知电脑部值班人员到场处理。

四、电脑

（1）必须保持清洁卫生、摆放整齐，未经许可，禁止私自拆卸、随便移动及其他的野蛮操作。

（2）严禁随意删除电脑内的各种软件、数据，不准随意使用外来软件等，确因工作需要应报电脑部批准，经电脑部检查后方可使用。

（3）禁止随便修改电脑设备的设置，例如口令、系统配置、IP 地址等；禁止撕毁电脑设备外的标识性文字、封条等。

（4）严禁利用网络异地传输大批量和大型图形文件，使用他人的用户名及密码，利用电脑及网络设备泄漏公司资料。

（5）在一台电脑上禁止开多个用户窗口，操作人员离开时，必须退出应用程序。

（6）若电脑出现故障，需要立即通知电脑专业维修人员，严禁擅自维修。

（7）电脑开关机的顺序为：使用电脑时，应先开 UPS，再开外围设备（打印机、显示器等），最后开电脑主机电源；工作结束后，先退出所有的应用程序，再退出操作系统，关主机电源，关外围设备电源，最后关 UPS 电源。

五、游戏机设备安全操作要求

（1）游戏机由该区域柜组人员负责日常操作及管理工作。

（2）营业前先检查设备插头是否插好。

（3）电源接通后设备进入自检程序，柜组人员要检查设备自检情况是否正常，发现不正常时及时向柜组长反映。

（4）柜组人员必须严格按产品说明书正确使用设备。禁止柜组人员私自调改设备主板参数。

（5）设备使用时应注意插座安全，严禁随意开关设备电源。

（6）投币器出现卡币、出票故障时，及时调整投币器、出票器的灵敏度。

（7）禁止用湿抹布擦拭机身，防止发生人身安全事故及设备进水，造成损坏。

（8）经常对设备进行检查、保养，设备的机械元件应每周加润滑油。

（9）营业结束后关机时，直接关闭配电箱的总电源。

六、平板车安全使用注意事项

搬运空调、电视机、冰箱、洗衣机及大宗商品时，必须使用平板车或叉车。

1. 平板车的种类

平板车有带拉手和不带拉手可拼装两种，应视具体情况选用。

2. 使用时注意事项

（1）使用平板车运载商品时，重量严禁超过平板车额定承载量。

（2）平板车上的商品堆放严禁超过 1.5m（单件大电器除外），超过 1m 时需有人扶住商品。

（3）使用平板车时严禁奔跑，要环顾四周，避免平板车及所载商品与周边人员、商品、设施发生碰擦，转弯时速度要放慢。

（4）在超市内使用平板车，需要顾客让路时，应提示"对不起，请（您）让一下"。

（5）暂时不使用的平板车应集中有序地摆放在指定地点。拼装式平板车要将拼装在一起的各块拆分，单个保存。

（6）其他柜组需要借用时，由借出人负责收回，收回时应检查车子是否能够正常使用。顾客及供应商需要使用时，由员工负责使用与收回。

（7）柜组人员每月请总部驻店人员检查平板车使用情况，并给车轮加油。

（8）拼装式平板车拼装时，应注意相连板块接口完全吻合，并保持板面平直。

（9）使用拼装式平板车时，只能从后面双手扶住商品向前推，商品体积较大或数量较多时，左右还需有人扶住商品。

（10）使用带拉手的平板车时要求人在前面拉。

（11）当顾客需要使用平板车搬运商品时，柜组员工必须协助其搬运出超市，并在超市出口防损员处进行登记，留下工牌，使用完毕将车送回超市时取回工牌。

七、垫板安全使用注意事项

① 用垫板运载商品时，商品不得超出垫板范围，商品重量在垫板上分布均匀，且四周至少应留出1～2cm

② 垫板应轻取轻放，禁止从车上、货架上往下扔；要经常检查垫板的使用状况，不允许有钉子凸起或脱落，不能使用的立即报告班组长安排维修。

③ 暂时不使用的垫板应集中摆放在指定地点，要求正反交叉叠放整齐。

④ 严禁站在叠放的垫板上及在垫板上坐、靠。

八、手动液压叉车安全使用准则

（1）使用叉车时，叉车提升高度以垫板离地面2～3cm为准，拖运商品严禁超过各叉车额定承载量。

（2）在卖场使用叉车时，只能从前面拉，不能从后面推，避免叉车及所载商品与周边人员、商品、设施发生碰擦，需要顾客让路时，应提示"对不起，请（您）让一下"。

（3）叉车上的商品堆放高度严禁超过1.5m（单件大电器除外），超过1m时需有人扶住商品。

（4）叉车上严禁站人，除利用其正常承载商品外，禁止用于其他用途，严禁在过道或空地上玩耍叉车。

（5）暂时不使用的叉车应集中有序地摆放在指定地点。

（6）如叉车出现故障时由班长核查损坏原因，并填写"设备故障维修申请单"（表4-2）。

九、应急照明装置

商场超市的应急照明系统，要使用独立于楼内正常供电系统的电源，一旦停电，该系统就可以自动提供照明。一个由发电机和蓄电池组成的应急设备，就可以提供应急照明。

表 4-2　设备故障维修申请单

故障设备：

故障日期		希望修复时间	
故障状况 说明			
主管批示		申请单位	

应急照明必须能够照亮所有出口的标志，以及其他照明设备所应该照亮的地方。由此就可以在发生紧急情况而影响正常供电时，用于安全地疏散顾客和员工。此外，该系统还可以减少停电时发生的偷盗、抢劫及其他意外事故。

商场超市负责设备维护的人员，应经常巡视设备的运行情况，及时维修、保养设备，并填写"设备维修状况日报表"（表 4-3）。对于重点设备，若发现有异常状况，则必须填写"重点设备异常状况报告表"（表 4-4），上报主管领导。

表 4-3　设备维修状况日报表　　年　月　日

项　　目	内　　容	备　　注
请修单号		
请修单位		
修理设备编号		
修理设备名称		
故障情形		
停运时间	自　日　时至　日　时	
处理方法		
故障原因分析		
修护	是	
	否	

主管领导：　　　　　　　　保养组长：

表 4-4　重点设备异常状况报告表

项目	内容
部门	
制造厂家	
设备型号	
发生异常时间	
设备 运行 异常 原因	
采取 对策	
预定完成日	
交复使用检查鉴定日	
备注	

报告人：　　　　经理：　　　　　主管：　　　　　班长：

第五章　商场超市消防安全管理

商场超市消防安全管理是商场超市安全管理的重要一环，它包括：商场超市消防组织建立、制度建设；消防器材的配备、安全检查、使用；商场超市灭火训练及消防演习；火灾的防范与扑救等。

第一节　商场超市消防组织

一、商场超市消防组织建立

根据国家消防安全管理相关规定，企业应当落实逐级消防安全责任制和岗位消防安全责任制，明确各级消防安全职责，确定各级、各岗位消防安全责任人。

大多数商场超市设立消防安全领导小组，由总经理任组长，在消防安全领导小组之下设立消防督察组，消防督察组主要由安全保卫部人员组成，协调各部门消防安全管理，各部门下再设班组级别的消防安全小组。商场超市消防组织机构设置如图5-1所示。

二、商场超市消防组织职责及任务

（一）消防组织职责

1. 防火组织任命

超市设三级防火组织，任命三级防火责任人：一级防火责任人由超市法人代表或总经理担任（经市消防委员会批准任命）；二级防火责任人由各部门经理分别担任（经卖场总经理批准任命）；三级防火责任人由各班组长担任（经部门经理批准任命）。

2. 防火责任人

认真执行消防法规，管理超市部门、班组的消防安全工作；立足自

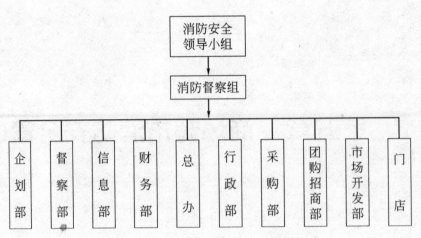

图 5-1　商场超市消防组织机构设置

防自救，对员工进行防火安全教育，领导义务消防队，组织消防演练；组织制定消防规章制度和灭火方案；组织实施防火责任制和岗位防火责任制；布置、检查、总结消防工作，定期向公安消防监督机关报告工作情况；组织防火安全检查，督促消除火险隐患，组织扑救火灾事故。

3. 义务消防队组建

超市按在职员工总数15％的比例成立义务消防队。全店分成若干个分队，各分队分别由部门防火责任人担任队长。其队员分布在各部门，每班次都有义务消防队员在各岗位上班，发挥消防工作中的骨干作用，并要完成规定的学习和训练任务。

4. 义务消防队职责

贯彻执行消防工作制度和超市的防火安全要求，做好消防宣传工作；积极参加抢救、扑灭火灾或疏散人员，保护现场；进行防火安全检查，帮助消除火险隐患；熟悉商场超市的消防重点部位及各种消防设施的性能和各种灭火器材的操作方法与摆放位置，维护好各种消防设备；积极参加商场超市组织的各项消防活动；在公安、保卫部门的领导下，积极协助追查火灾发生的原因。

（二）消防组织任务

（1）负责商场超市动火部位的安全监督。

（2）发现火警、火灾及其他问题时，要向安全部、总经理报告，并提出处理负责24小时监视消防主机、闭路电视、防盗报警信号。

（3）负责制定重点部位的灭火作战方案，并负责组织演练。

（4）负责调配补充消防灭火器材，并与有关部门定期进行消防设备检测、保养、维修，及时排除消防设备故障。

（5）负责协助商场超市新建、改造工程消防设施的呈报审批手续。

（6）负责办理商场超市施工单位人员出入登记手续，并监督施工期间的消防安全。

（7）协助做好重要接待任务时有关消防方面的安全和保卫工作。

（8）负责对全店员工进行消防业务知识培训。

（9）开展防火宣传教育。

（10）制定各种防火安全制度，督促各部门贯彻落实防火安全措施，负责调查了解违反消防规定的原因，并提出解决处理的意见，向安全部、总经理报告情况。

（11）负责检查超市各部位的防火安全情况，以及各种消防设备、灭火器材，发现隐患，及时督促有关部门进行整改。

（12）负责将每天商场超市消防情况和每周附近消防情况书面报告安全部并呈交总经理。

（13）管理好消防业务档案。

三、建立完善的消防系统

商场超市消防系统主要有以下五大部分，如图5-2所示。

一般为国家统一标识，如"禁止吸烟"、"危险品"、"紧急出口"等，这些标识必须让员工熟记。

建筑物在设计时留出的供消防、逃生用的通道。通道应保证通畅、干净、不堆放杂物，同时要让员工熟悉离自己最近的通道。

紧急出口是指门店发生火灾或意外事故时，需要紧急疏散人员，以最快时间离开商场而使用的出口。紧急出口必须保持通畅，不能锁死，平时也不能使用。

消防设施是用于防火排烟、灭火及火灾报警的所有设施。超市主要的消防设施有火灾报警器、烟感或温感系统、喷淋系统、消防栓、灭火器、防水卷闸门、内部火警电话、监控中心、紧急照明、火警广播。

疏散指引图是表示超市各楼层紧急通道、紧急出口和疏散方向的标识图，它提供给顾客及员工逃生的方向，必须悬挂在超市明显的位置。

图5-2 商场超市消防系统的组成

第二节　商场超市消防安全管理的内容

一、消防安全管理制度

（1）各部门、各岗位要建立防火责任制，做到所有部门的消防工作，都明确有人负责管理，各部门均要签订《防火责任书》。

（2）各门店实行逐级防火责任制，做到层层有专人负责。

（3）安全部设立防火档案、紧急灭火计划、消防培训、消防演习报告、各种消防宣传教育的资料备案，全面负责零售店的消防预防、培训工作。

（4）各营运部门必须具备完整的防火检查报告和电气设备使用报告等资料；设立和健全各项消防安全制度，包括门卫、巡逻、逐级防火检查，用火、用电、易燃、易爆物品安全管理，消防器材维护保养，以及火灾事故报告、调查、处理等制度。

（5）各门店内要张贴各种消防标志，设置消防门、消防通道和报警系统，组建义务消防队，配备完备的消防器材与设施，做到有能力迅速扑灭初起火灾和有效地进行人员财产的疏散转移。

（6）对新、老员工要进行消防知识的普及，对消防器材使用的培训，尤其是消防的重点部门，要进行专门的消防训练和考核，做到经常化、制度化。

（7）各门店内所有区域，包括销售区域、仓库办公区域、洗手间全部禁止吸烟、动用明火，存放大量物资的场地、仓库，必须设置明显的禁止烟火标志。

（8）各门店内所有开关必须统一管理，每日的照明开关、电梯统一由保安人员开关，其他电力系统的控制由工程部负责。如因工作需要而改由部门负责，则部门管理人员和实际操作人员必须对开关的正确使用接受培训。

（9）商场超市内消防器材、消火栓，必须按消防管理部门指定的明显位置放置；禁止私接电源插座、乱拉临时电线、私自拆修开关和更换灯管、灯泡、保险丝等，如需要，必须由工程人员、电工进行操作，所有临时电线都必须在现场有明确记录，并在期限内改装。

（10）营业及工作结束后，要进行电源关闭检查，保证各种电器不带电过夜；各种该关闭的开关处于关闭状态。

（11）各种电气设备、专用设备的运行和操作，必须按规定进行操作，实行上岗证作业。

（12）货架商品存放要与照明灯、整流器、射灯、装饰灯、火警报警器、消防喷淋头、监视头保持一定间隔（消防规定垂直距离不少于50cm）；柜台、陈列柜的射灯、广告灯，工作结束后必须关闭，以防温度过高引起火灾。

（13）销售易燃品，如高度白酒、果酒、发胶、赛璐珞等，只能适量存放，便于通风，发现泄漏、挥发或溢出的现象要立即采取措施。

（14）零售店内所有仓库的消防必须符合要求，包括照明、喷淋系统、消防器材的设施、通风、通道等设置。

二、商场超市管理中应配置的消防器材

为加强商场消防自救能力，各商户、设备房、消防监控中心，必须配备必要的消防器材。消防监控中心应配置以下设备，并应设专柜安放，由专人管理。

（1）手提式二氧化碳气体灭火器（图5-3），或推车式ABC干粉灭火器（图5-4）、推车式二氧化碳气体灭火器（图5-5）。

图5-3　手提式二氧化碳气体灭火器

（2）消防扳手、消防斧、消防头盔、消防面具、口罩。

（3）救生绳、备用水带、水枪、铁锹、铁铲、消防桶、斗车、沙袋等。

图 5-4　推车式 ABC 干粉灭火器

各商户、各部门、设备房应配置的消防器材：手提式二氧化碳气体灭火器或推车式 ABC 干粉灭火器、推车式二氧化碳气体灭火器。

三、消防安全检查

为了加强商场的消防安全工作，确保商场的人员生命、财产的安全，首先应制定相关消防安全制度、规定。消防检查的时间与参加人员：每年元旦、春节等重大节日前，组织防火安全大检查，其中"五一"与"十一"前的消防检查，由公司消防安全领导小组组织，由行政部、工程部、保安部人员参加；日常消防检查每日进行，由保安部人员在日常的巡逻中完成；其他检查由物业管理部组织；施工现场防火安全检查，由保安部人员每日进行。

1. 消防检查内容

检查内容：消防监控主机系统、消防泵、喷淋泵、感烟器、感温器、喷淋头、防火卷闸、防火门、送风机、排烟机、紧急广播、气体灭火系统等设备系统是否完好，启动是否正常；消火栓内部件是否齐全，灭火

图 5-5　推车式二氧化碳气体灭火器

器数量、压力和重量是否符合要求；消防通道是否畅通，是否有易燃物品堆积；楼内是否有超负荷用电或不规范的电源走线；餐饮、娱乐场所的防火安全隐患是否改正。

2. 查出问题的处理

对安全防火检查中发现的问题，由物业管理部开出《安全检查通知》，责令有问题的单位限期整改，并由保安部对此跟踪调查，直至问题解决；每季检查中要认真填写《安全检查记录》，检查后形成报告呈报公司领导。

四、消防报警系统的检查

对消防报警的检查包括日检、月检和年检。

1. 日检

对消防火灾报警控制器进行自检功能检查。按主机复位键，检查主机系统是否有异常、故障的显示；然后按消声键，消去控制器的声音；再立即按复位键，或恢复到机器报警前的正常状态。

2. 月检

逐个检查楼内端子箱、箱门关闭及箱体情况是否良好，外观是否洁净完好，箱内接线是否良好；完成日检全部内容；控制器主要工作电压测试；手动方式和自动方式的转换、交流电源和备用电源的转换是否正常；对不洁净烟感器、温感器进行清洁，对可能接触不良的部位进行加固；公共场所烟感器、温感器安装倾斜度不大于 45°，与底座接触是否良好，外观是否洁净完好；随机抽取不低于 5％的烟感器喷烟后，查看报警是否正确；任选两点手动报警进行模拟报警，测试报警功能是否正常；如在检查中发现问题，应立即修复。

3. 年检

对所有公共部位的烟感器和温感器进行外观检查，对有污渍的进行清洁；查看设备、设施使用年限是否超期，尤其是手提式、轻便的灭火器应及时更换；进行抽检、模拟式连动检查，是否需要完善、修正；对楼层内端子箱进行内部清扫、接线紧固。

五、消防系统及其使用方法

1. 消防系统

（1）消防标识　一般为国家统一标识，如"危险品"、"禁止吸烟"、"紧急出口"等。这些标识必须让员工熟记。

（2）消防通道　建筑物在设计时留出的供消防、逃生用的通道。通道应保证通畅、干净、不堆放杂物，同时要让员工熟悉离自己最近的通道。

（3）紧急出口　紧急出口是指当商店发生火灾或意外事故时，需要让紧急疏散人员，以最快时间离开商店而使用的出口。紧急出口同样必须保持通畅，不能锁死，平时也不能使用。

（4）疏散指引图　疏散指引图是表示商店各个楼层紧急通道、紧急出口和疏散方向的标识图。它提供给顾客与员工逃生的方向，必须悬挂在商店明显的位置。

（5）消防设施　消防设施是用于防火排烟、灭火及火灾报警的所有设备。商店主要的消防设施有：火灾警报器、烟感温感系统、喷淋系统、消火栓、灭火器、防火卷闸门、内部火警电话、监控中心、紧急照明、火警广播。

2. 灭火器的使用

在火灾刚起火的 5 分钟内灭火效果优于以后的 5 个小时，商店的每个人都应熟悉灭火器材的使用，迅速扑灭初级火灾。常用的灭火器材有泡沫灭火器、二氧化碳气体灭火器、干粉灭火器及消火栓等，使用方法如下。

（1）泡沫灭火器　泡沫灭火器有两种：一种为手提式；另一种为推车式。手提式灭火器的使用方法为：平稳将灭火器提到火场，用手指压紧喷嘴，然后颠倒器身，上下摇晃，松开喷嘴，将泡沫喷射到燃烧物表面。推手式灭火器的使用方法为：将灭火器推到火场，按逆时针方向转动手轮，开启瓶阀，卧倒器身，上下摇晃几次，抓住喷射管，扳开阀门，将泡沫喷射到燃烧物表面。泡沫灭火器适用于扑救由食油、汽油、煤油、香蕉水等引起的火灾，也适用于竹、木、棉、纸等引起的初期火灾。切忌不能用来扑救忌水物质的火灾。

（2）二氧化碳气体灭火器　二氧化碳气体灭火器同样也有两种：一种为手提式，其使用方法是拔掉保险销或铅封，握紧喷筒的提把，对准起火点，压紧压把或转动手轮，二氧化碳气体自行喷出，进行灭火；另一种为推车式，其使用方法为卸下安全帽，取下喷筒和胶管，逆时针方向旋转手轮，二氧化碳气体自行喷出，进行灭火。二氧化碳气体灭火器灭火后不留任何痕迹，不导电，无腐蚀性，适用于扑救电气设备、精密仪器、图书、档案、文物等。切忌不能用来扑救碱金属、轻金属的火灾。

（3）干粉灭火器　干粉灭火器的适用范围为用于扑救石油产品、涂料、可燃气体、电气设备等的火灾。手提式灭火器的使用方法为：撕掉铅封，拔去保险销，对准火源，一手提握住胶管，另一手按下压把，干粉自行喷出，进行灭火。

（4）消火栓　消火栓适用扑灭多种类型的火灾，水是分布最广、使用最方便、补给最容易的灭火剂。它不能用于扑救与水能发生化学反应的物质引起的火灾，以及高压电气设备和档案、资料等引起的火灾。其使用方法为：把存放消火栓的仓门打开，将水袋取出，平放打开，将阀头接在水袋上，对准火源，双手托起阀头，打开水阀，进行灭火。

六、出现火灾报警时的处理

为确保商场超市在发生火灾时能够得到迅速准确的处理，各部门员工在紧急情况下，应按照自己的职责，并有条不紊地做好灭火、疏散和抢险等安全工作。当出现火灾报警时，可遵循以下程序处理。

1. 报警设备

商场超市各种探测器将火灾信号传到消防控制中心，或拿起消防专用电话可直接接通消防控制中心，使用普通电话时，应牢记消防控制中心及市消防局的报警电话，也可以启动手动报警器，启动手动报警器后，可使楼层警铃、火灾报警器的信号传到消防控制中心。

2. 报警方法

报警时，应按照顺序选择报警设备；首先用消防电话，因为消防电话不用拨号码，拿起电话就直通消防控制中心，确保及时报警；其次使用普通电话，如果附近没有消防电话时，可用普通电话拨通上述任何一个报警电话，讲清报警内容；最后选择使用手动报警器。无论任何时候发生火星、燃烧异味、异响及不正常热感应，每个员工都有责任检查是否属于险情，如有险情则立即报警，并尽可能采取处理措施，等待救援人员到来。如果发现火情比较严重不能控制时，即可启动手动报警器，因为手动报警器和警铃联动。如若报警，必然惊动用户，因此，除非情况严重，否则尽量不使用。

3. 报警内容

电话报警时，务必讲清下列几项：报警人的姓名和身份；火灾发生的具体地点；燃烧物质；火势大小；问清接报人的姓名。

第三节　商场超市安全防火责任方案

一、目的

安全防火责任重大，为确保商场超市的消防安全，责任落实到人，从而预防火灾的发生，特制定本方案。

二、管理部门

商场超市设立安全委员会，安全委员会是商场超市消防安全的管理决策机构，负责商场超市一切消防安全制度的审批。安全委员会主任一般由总经理兼任。

安保部是负责超市安全保卫和消防工作的职能部门，负责商场超市消防安全制度的具体执行。安保部经理兼任安全委员会副主任。

三、总经理/店长

总经理/店长为商场超市安全消防第一责任人，负责公司消防安全的领导管理工作，对消防安全工作进行不定期检查。

四、安保部

安保部经理和消防主管定期组织以下活动。

（1）做好员工的消防安全知识培训，协助消防机关做好防火宣传。

（2）组织消防安全员进行日常和不定期消防检查，发现消防安全隐患，及时纠正整改。对责任部门和责任人进行处罚。

（3）组织义务消防队，制定详细的训练计划，并按时完成训练任务。

（4）对新进人员进行安全培训，教授员工学会使用报警装置、消防器械和消防栓等。

五、全体员工

（1）各级员工都要严格执行商场超市消防安全管理制度，积极参加消防知识培训和其他消防活动。做好防火宣传教育。

（2）熟悉自己岗位的环境、设施，必须熟记安全操作规定，熟悉安全出口位置和消防器材、设备摆放的位置、使用的方法，并做好保管工作。

（3）熟知报警程序，牢记火警电话。发生火情、火灾时迅速报警，并听从统一指挥。报警时讲明火灾地点、火势大小、燃烧物质、被困人员及伤亡情况，以及报警人姓名、部门。

（4）在存放易燃易爆等危险商品的部门或物资仓库，严禁吸烟和动用明火，仓库管理人员必须遵照各项防火制度进行工作。

（5）在货物上架和存放过程中，要协调好安全与经营的关系，充分考虑消防的空间要求，不能堵塞通道和安全出口。

（6）各部门因施工或维修需要动用明火，必须到安保部申报，办理动火手续，明确动火时间、地点、部位和人员，设监火人并采取相应的安全措施，由安保部批准后方可动火施工。

（7）消火栓、灭火器具、疏散通道等一切消防设施和报警装置不准掩埋、圈占、拆卸、阻塞。安全出口、通道、出入口等部位要保持畅通。疏散标志和指示灯、应急照明灯应明确并保持完好。

（8）不准私自拉、接电线或安装电气设备，如因工程或工作需要使用的，需持本部门负责人批准的书面申请，经安保部批准，经电工安装检查、试用后方能投入使用。

（9）严禁将其他易燃易爆等危险物品带入或存放在商场超市内，如不慎带入，请交由安保部处理。

（10）各部门人员下班离岗时，要做到人走灯灭、电器断电，不留火险隐患。

（11）严禁在禁烟区内吸烟。

附：商场超市消防安全责任书

商场超市消防安全责任书

为贯彻执行《消防法》、《机关、团体、企业、事业单位消防安全管理规定》，结合商场超市消防管理现状，为进一步强化全员消防安全防范意识，体现消防安全"全员参与、人人有责、预防为主、防消结合"的消防工作方针，加强和规范各个部门的消防安全管理，明确消防安全责任，有效预防火灾和减少火灾的危害，确保顾客、员工和商店的生命、财物不受损失，特与各个系统主管签订以下消防责任书。

各系统（部门）主管为该系统（部门）的消防安全责任人，对该系统（部门）涉及消防工作的事项负全责。各系统（部门）消防安全责任人直接对商场超市总经理负责（租赁柜台以及各门店）。

（一）贯彻执行消防法规，保障商场超市涉及消防安全的事项符合规定，掌握本商场超市的消防安全情况［必须做到：办公（卖场）区域杜绝吸烟、没有烟头，在指定区域吸烟，烟头丢在烟灰缸，下班前对本超市区域内进行安全检查，做到人走灯灭，不留安全隐患］。

（二）加强对本商场超市保安人员（保安人员必须持证上岗），以及其他员工、各个商户消防安全知识的宣传，使每个员工、商户都懂得怎样使用消防器材，怎样安全逃生，怎样疏散顾客，做到"人人重视消防安全、人人参与、人人有责"，同时履行消防预案职责。

（三）柜台进场装修前，组织人员对施工图纸进行安全审核，装修完毕后，由工程部（施工监理、电工）、保卫科进行完工验收，缺一不可。

（四）建立上岗消防安全防范巡查制度，划分区域，明确责任人。

（五）确定本商场超市的逐级消防安全责任人、实施消防安全制度和保障消防安全的操作规定，确定各个岗位的义务消防安全监管员、消防安全防范宣传员和信息员，划分区域，明确其责任。建立义务消防队、义务巡查员，制定制度、明确其责任。

（六）组织人员参加公司组织的消防安全检查，并积极消除在检查中发现的消防安全隐患。

（七）与保卫科共同组织营业员的岗前消防安全培训，确保每个营业员参加率达到100%。

（八）对各个商户，损坏或者擅自挪用、拆除、停用消防设施、器材，圈占、遮挡、埋压消防器材，占用防火间距，堵塞消防通道，本商场超市应组织人员与其协商，并制止其违法行为。同时商场超市应保证各个消防通道长期畅通。

（九）商场超市安全部是商场超市消防安全工作的主力军，是商场超市消防工作的管理部门和实施部门，对商场超市的消防工作负主要责任，必须认真贯彻执行消防法规，严格按《消防法》的要求，对商场超市消防安全进行管理，商场超市保安人员必须做到：熟悉掌握商场超市消防安全情况，熟悉商场超市消防器材、设备设施的性能及使用方法。掌握怎样使用消防器材、怎样安全逃生、怎样疏散群众、怎样扑灭初期火灾，做到重视消防安全、人人有责任。

（十）部门负责人和部门员工必须高度重视消防安全，承担商场超市的消防安全工作责任。

（十一）各部门（门店）消防安全责任人，对负责管辖的范围（门店）承担相应的消防责任。

部门（门店）：　　　　　　　　　　　　　　负责人：
　　　　　　　　　　　　　　　　　　　　　年　月　日

第四节　商场超市灭火训练及消防演习

一、灭火训练

1. 防火、灭火知识考核

通常每年举行一次防火、灭火知识考核或消防知识竞赛。事先规定需考核的知识范围、复习参考材料、考核日期，届时进行书面考核。对成绩优异者给予表彰或奖励，不合格者要进行补考，直到合格为止。

2. 灭火训练

在手提式灭火器换液和固定消防设备维修检查时，有计划地分批轮训义务消防队员，尽量让每一个义务消防队员，两年内能有一次灭火器材的实际操作训练的机会，有条件的也可每年举行一次消防运动会，提高对灭火器材操作的熟练程度。

二、消防演习

消防演习即模拟商场超市发生火灾，并按预案进行扑救。通过演习，总结经验、发现不足，以便采取措施，改进工作，提高商场超市防火、灭火、自救的能力，消防演习每年不少于一次。对演习的内容要精心设计，必要时可请公安消防部门代为设计。通过消防演习，能够检验商场超市防火、灭火的整体功能，如预案是否科学，指挥是否得当，专职消防队员是否称职，义务消防队员是否能及时到位，职工心理承受能力，消防设施是否发挥作用等。

为了使消防演习真正起到实战练兵的作用，演习的内容和开始的精确时间事先应保密。同时又要避免群众毫无思想准备，届时出现惊慌失措发生意外事故，事先要与职工和顾客打招呼，说明近期要进行一次消防演习，要求职工认真对待，顾客积极配合。消防演习结束，要认真总结，讲评成绩和不足。对演习中的好人好事给予必要的表彰和鼓励，对暴露的问题认真进行整改。

实施消防演习计划是一项极其复杂的工作，要防止发生意外事故，因此，第一次消防演习的难度可以低一些，以后逐步提高。为了提高商场超市灭火的指挥组织能力，进行消防演习要请公安消防部门来人指导，帮助讲评和总结。

（一）消防演习的程序

1. 策划演习程序图（图 5-6）

一、火灾报警

> 1.消防控制中心接到商店范围的自动报警和手动报警，并通知总机。

> 2.总机通知宾客服务部经理、值班工程主管、当值保安主管前往现场。

> 3.若误报，则系统复位，写出调查报告。
> 4.若小火，现场扑救，系统复位，写出调查报告。
> 5.若确认火灾，则在扑救火情的同时，执行"火灾"程序。

> 6.火灾确认后，消防中心应控制下列设备，并接收返回信号；启动有关部位的防烟和排烟风机、排烟阀等，并接收其反馈信号。
> 7.工程部停止有关部位的空调送风及非消防电源。

二、火灾程序

> 1.当水流指示器动作或确认现场已无法扑救时，可确认为火灾。
> 2.宾客服务部经理、值班工程主管、保安主管等继续坚持控制火情，并听从疏散指示。
> 3.总机通知总经理、保安经理、工程部经理到达控制中心，由总经理或现场最高职务人员拨打119报告火灾；同时统一协调各部门做好疏散准备；保安部经理是消防中心最高负责人，配合现场指挥工作。
> 4.保安部经理向总经理（或现场最高职务人员）发出疏散请示，疏散程序由总经理（或现场最高职务人员）统一指挥，保安部经理协助总经理执行疏散程序。

三、疏散程序

> 1.消防中心用广播系统发出疏散指示，除紧急情况外都应按顺序疏散，程序如下：
> (1)二层及以上的楼层发生火灾，应先接通着火层及其相邻的上、下层广播；
> (2)首层发生火灾，应先接通本层、二层及地下各楼层广播；
> (3)地下室发生火灾，应先接通地下各层及首层广播；
> (4)从上往下三层滚动式发出疏散广播；
> (5)最后启动所有广播。

> 2.消防中心发出疏散指示，各部门按保安部的"消防疏散程序"执行疏散指令。

图 5-6　消防演习程序图

2. 流程说明

（1）火警报警：拉响警报。

（2）人员疏散：超市所有人员从各个出口进行撤离、逃生，管理层进行紧急疏散程序的演练。

（3）演习集中：所有已经逃离现场的人员，到指定的演习集中区进行集中，规定时间一到，立即清点已经在场的人员，并记录未能撤出人员的姓名、部门等。

（4）演习报告：安全部门对本次演习的结果进行评估，并做总结报告。

（5）消防培训：对未能及时撤出的人员，进行消防知识的培训，并对所属部门的管理层进行监督评分。

（二）消防演习方案

为提高商场超市员工的消防安全意识和技能，确保门店的消防安全，做到火灾发生时，能够及时发现并正确处理，防损部要定期进行消防演习。以下以某商场超市消防演习方案为例进行介绍。

1. 消防安全工作的原则、方针

（1）原则：先救人，后救火；先重点，后一般。

（2）方针：预防为主，防消结合。

2. 消防安全演习准备工作

（1）门店消防区域的划分　门店防损部根据门店结构及商品的布局情况，将门店划分为若干个消防区域，并用代码表示，区域代码必须在门店消防平面图中体现，同时向全体人员公布，明确各区域员工日常消防管理职责及责任。

（2）消防器材的分布及消防告示牌的设置　门店防损部对门店现有消防器材、消防告示牌进行全面的清理，根据卖场情况，将消防器材、安全告示牌重新合理分配，编号摆放。要求做到易见易取，重点区域重点放置；消防通道、紧急出口及消防器材摆放位置要有明显标志；门店必须组织各部门员工熟悉和了解消防器材的分布及紧急出口的位置，要求各部门员工均掌握工作区域内的消防设施名称、数量、使用方法等。

3. 消防安全广播

当卖场内发生火情时，为了能够使信息及时传递和采取有效措施，避免引起顾客恐慌，要将消防安全广播内容和要求进行统一。

（1）广播稿的分类　橙色警报广播稿：初级火情，火势不大，可以自行控制并扑灭。红色警报广播稿：火势较大，蔓延较快，自行不可控制并无法扑灭。

（2）橙色警报广播稿

① 员工篇：全体员工注意，卖场内××（区域代码）发生橙色警报，请相关人员立即赶赴现场处理。

② 顾客篇：各位顾客朋友请注意，本店××（楼层）因为特殊情况，现暂停营业，请各位顾客朋友配合我们的工作，按照工作人员指定的通道，有秩序地离开，给您带来不便，敬请谅解。

（3）红色警报广播稿

① 员工篇：全体员工注意，现卖场内××（区域代码）的橙色警报现升级为红色警报，现通知立即启动紧急预案，请各部门负责人各就各位，迅速到现场指挥。

② 顾客篇：各位顾客朋友，因为紧急情况，本店现暂停营业，请您在工作人员的引导下，有序地从安全通道离开卖场，请不要拥挤，注意安全，谢谢合作；各位顾客朋友，因为紧急情况，本店现暂停营业，请您照顾好身边的老人和小孩，按照工作人员指定的通道，有秩序地离开，给您带来不便，敬请谅解。

广播员在现场经最高指挥同意后才可以及时广播，语音要沉着，语速要与平常一致，不能过分紧张，否则可能引起店员和顾客恐慌。

4. 紧急预案启动后门店各部门的分工和职责

（1）防损部门　当火情可以控制时，巡视防损员应立即与店长、防损经理取得联系，通报火情，同时组织区域员工，就近利用灭火器材进行扑救，防止火势蔓延，防损员应坚守岗位，防止有人趁火打劫。

当火情不可控制时，在通知服务台播放安全广播的通知时，当班防损员应立即赶往紧急出口，疏导顾客有序地离开；便衣防损员立即佩戴工号牌、表明身份，向顾客指明安全出口方向，同其他员工一起引导顾客安全离开。

（2）收银部门　当火情发生时，全体收银员应立即停止收银工作，锁好收银机钱箱。在灾情可控制时，收银员应协助收银区防损员，疏导顾客从收银区有序地离开卖场，避免顾客、购物车、购物篮堵塞通道。

当灾情不可控制时，全体收银员应在收银主管的组织下，将收银台所有的现金转移至安全地带，确保现金和人员安全。

（3）服务部门　当发生火情时，服务台应根据情况，及时向全体员工发布安全广播，紧急召集管理人员、义务消防队员赴现场。

如火情得以控制、扑灭，应及时通过广播做好顾客及员工的安抚工作。如火情不可控制，服务台接到门店指令后，应立即发布火警升级广播，同时组织服务员将服务台顾客寄存的包裹转移至安全地带，并安排人员看守。

（4）设备部门　当火情发生时，设备部门人员应迅速赶往起火现场，根据情况将部分或全部卖场电源关闭，协助火灾扑救、物资抢救及人员疏散工作。

（5）收货部门　当发生火情时，收货部门员工接到门店指令后，应立即将重要单据转移至安全地带，并安排人员看守，同时协助进行人员疏散、火灾扑救及贵重物品的抢救工作。

（6）计算机房　当发生火情时，计算机房人员接到门店指令后，应立即将计算机房的重要单据、资料及关键设备转移到安全地带，同时协助进行人员疏散、火灾扑救及贵重物品的抢救工作。

（7）办公室　当发生火情时，门店办公室人员应迅速整理好重要文件、重要往来单据、现金及关键设备，接到门店指令后，立即将物品转移到安全地带，同时协助进行人员疏散、火灾扑救及贵重物品的抢救工作。

（8）商品部门　火情可控制时，商品部门全体员工应坚守岗位，火情发生区域员工应协助进行火灾扑救及顾客安抚疏散工作。火情不可控制时，商品部门全体员工应协助引导顾客疏散，并在门店领导的指挥和保护自身安全的情况下，尽力抢救公司财物。

当门店发生火情时，门店全体员工一定要绝对服从门店安排，沉着冷静、果断勇敢，最大限度地减少损失。

三、消防演习的实际操作

1. 灭火器的使用演习和观摩

（1）组织方式：门店统一组织，个人操作。

（2）演习人员：门店全体员工（分班进行）。

（3）演习地点：开阔地，周边无易燃物，划分操作区、观看区（防损部设安全员1~2名）。

（4）演习材料：灭火器（若干）、干柴（若干）、柴油（若干）、铁桶（1个）、河沙（2袋）。

（5）演习操作：防损部讲解、演习后，员工单独操作灭火。

2. 消防水带连接使用演习

（1）组织方式：门店统一组织，多人操作。

（2）演习人员：门店全体员工（分班进行）。

（3）演习地点：卖场内或室外，门店划分操作区、观看区。

（4）演习材料：消防水带（若干）。

（5）演习操作：防损部讲解、演习后，员工逐一分组（最少2人一组）练习水带的连接与使用（要求限时完成）。

3. 人员、物品疏散演习

（1）组织方式：门店统一组织，全员操作。

（2）演习人员：门店全体员工（分班进行）。

（3）演习地点：门店卖场内（闭场后）。

（4）演习操作：按照演习预案，有序地疏散人员和部分物品。

4. 模拟火情

（1）可控制火情：服务台播放广播稿，员工按门店消防预案规定到位，防损主管、店长检查到位情况（限时操作）。

（2）不可控制火情：服务台播放广播稿，员工按门店内消防预案，从各消防疏散通道撤离卖场（限时操作）。

5. 自救、救护演习

（1）组织方式：门店统一组织。

（2）演习人员：门店全体员工（分班进行）。

（3）演习地点：门店卖场内、开阔地。

（4）演习材料：防毒面罩、夹板、绷带或布条（各若干）。

（5）演习内容：火险发生后的自我保护常识、烧伤现场救护、出血救护、伤员搬运、防毒面罩佩戴等。

（6）演习操作：防损部讲解、演练后，员工分小组逐一单独操作。

第五节　火灾的防范与扑救

一、防火的基本措施

1. 控制可燃物

控制可燃物就是用非燃或不燃材料代替易燃或可燃材料；采取局部通风或全部通风的方法，降低可燃气体、蒸气和粉尘的浓度；对能相互作用发生化学反应的物品分开存放。

2. 隔绝助燃物

隔绝助燃物就是使可燃性气体、液体、固体不与空气、氧气或其他氧化剂等助燃物接触，即使有着火源作用，也因为没有助燃物参与而不致发生燃烧。

3. 消除着火源

消除着火源就是严格控制明火、电火及防止静电、雷击引起火灾。

4. 阻止火势蔓延

阻止火势蔓延就是防止火焰或火星等火源，窜入有燃烧、爆炸危险的设备、管道或空间，或阻止火焰在设备和管道中扩展，或者把燃烧限制在一定范围不致向外延烧。

二、灭火的基本方法

1. 隔离法

隔离法就是将正在发生燃烧的物质与其周围可燃物隔离或移开，燃烧就会因为缺少可燃物而停止。如将靠近火源处的可燃物品搬走，拆除接近火源的易燃建筑，关闭可燃气体、液体管道阀门，减少和阻止可燃物质进入燃烧区域等。

2. 窒息法

窒息法就是阻止空气流入燃烧区域，或用不燃烧的惰性气体冲淡空气，使燃烧物得不到足够的氧气而熄灭。如用二氧化碳、氮气、水蒸气等惰性气体灌注容器设备，用石棉毯、湿麻袋、湿棉被、黄沙等不燃物或难燃物覆盖在燃烧物上，封闭起火的建筑或设备的门窗、孔洞等。

3. 冷却法

冷却法是将灭火剂（水、二氧化碳等）直接喷射到燃烧物上，把燃烧物的温度降低到可燃点以下，使燃烧停止；或者将灭火剂喷洒在火源附近的可燃物上，使其不受火焰辐射热的威胁，避免形成新的着火点。此法为灭火的主要方法。

4. 抑制法（化学法）

抑制法就是将有抑制作用的灭火剂喷射到燃烧区，并参加到燃烧反应过程中去，使燃烧反应过程中产生的游离基消失，形成稳定分子或低活性的游离基，使燃烧反应终止。目前使用的干粉灭火剂、1211灭火剂等均属此类灭火剂。

三、正确使用灭火器具

1. 干粉灭火器

干粉灭火器是商场超市目前配备数量最多，适用范围广泛，且较经济实用的灭火器具。它可用于扑灭带电物体（电压低于5000V）火灾、液体火灾、气体火灾、固体火灾等。

使用干粉灭火器时要注意以下几点：

① 喷射前最好将灭火器颠倒几次，使筒内干粉松动，但喷射时不能倒置，应站在上风一侧使用；

② 在保障人身安全情况下，尽可能靠近火场；

③ 按动压把或拉起提环前，一定去掉保险装置；

④ 使用带喷射软管的灭火器时，一只手一定要握紧软管前部喷嘴后，再按动压把或拉起提环；

⑤ 灭液体火灾（汽油、酒精等）时，不能直接喷射液面，要由近向远，在液面上 10cm 左右快速摆动，覆盖燃烧面切割火焰；

⑥ 灭火器存放时，不能靠近热源或日晒，防止作为喷射干粉剂动力的二氧化碳受热自喷，并注意防潮，防止干粉剂结块。

2. 二氧化碳灭火器

二氧化碳灭火器适用于扑灭精密仪器，带电物体及液体、气体类火灾。使用时应注意以下几点：

① 露天灭火在有风时灭火效果不佳；

② 喷射前应先拔掉保险装置，再按下压把；

③ 灭火时离火不能过远（2m 左右较好）；

④ 喷射时手不要接触喷管的金属部分，以防冻伤；

⑤ 在较小的密闭空间喷射后，人员要立即撤出，以防止窒息；

⑥ 灭火器存放时严禁靠近热源或日晒。

3. 1211 灭火器

1211 灭火器特别适用于扑灭精密仪器、电气设备、计算机房等火灾。其使用注意事项与二氧化碳灭火器相同。

4. 消火栓

消火栓是消防灭火中主要的水源，分室内和室外两种。室内消火栓一般设在楼层或房间内的墙壁上，用玻璃门或铁门封挡，内配有水枪、水龙带。使用水龙带时应防止扭转和折弯，否则会阻止水流通过。使用消火栓救火应先将水龙带一头接在消火栓上，同时将水带打开；另一头接水枪，一个人紧握水枪对准着火部位，另一个人打开消火栓阀门。对于灭火来讲，用水救火是最经济的，但应注意扑救带电火灾前，必须先断电，再用水灭火；还应注意防止用水灭火会给珍藏典籍、精密仪器等造成水渍侵害；有的金属类火灾禁止用水扑救。

第六章 商场超市卫生要求及安全管理

商场超市卫生安全管理是一个不可轻视的问题，卫生安全不光是环境美化和观感问题，更是商品安全问题。本章内容包括：商场超市总体环境卫生管理要求、商场超市环境卫生管理规范、商场超市卫生管理制度、商场超市食品的卫生安全管理、商场超市公共区域卫生安全管理、从业人员个人卫生管理、设备清洁卫生管理及卫生检查和废弃物的处理等。

第一节 商场超市总体环境卫生管理要求

为了给消费者和卖场内部商户营造舒适、干净、整洁的购物和经营环境，保持卖场内的环境卫生清洁，共同塑造专业卖场的形象，营造和谐的购物氛围，对卖场的环境卫生作了以下几点要求。

一、进口处设有完整的个人消毒设施

（1）入口处两边的墙壁安装清洁液架，以放置清洁液或肥皂。入口处设有刷鞋池，并备有鞋刷。

（2）消毒室的墙面须贴白瓷砖，以便清洗。

（3）每日应更换或补充氯水，以维持有效氯的浓度，达到消毒效果；洗手台后侧墙边放置纸架或毛巾架。两边设置洗手台，并安置数个肘压式的水龙头及毛刷；洗手台的下方设置消毒池，池深约 20cm，可淹及鞋面，消毒池内泡消毒剂。

（4）设置手肘式或脚踏式的门，防止手部再次污染；毛巾架后侧设手指消毒器。

二、商场超市的场地设施要求

1. 商场超市地面要求

商场超市的地面应以磨石或金刚砂等不透水的材料铺设，要求有适当的斜度，以利排水，可以防止地面积水滋生细菌，或造成湿滑以影响作业安全。作业场地的地面在每天作业前、后及午休前应予冲洗，以维护场地卫生。

2. 商场超市墙面要求

墙面需贴一定高度的白瓷砖或粉刷白色漆，以利清洗。天花板应完整，无破损、积水、尘土、蜘蛛网或凝水的现象。干燥清洁的环境，可有效抑止细菌生长、繁殖。

3. 商场超市排水设施要求

设有完善的排水设施。生鲜食品处理，用水量相当多，若作业场地缺少良好的排水设备，常常会使作业场积水而无法作业。为了利于排放废水，场内必须设排水沟，并有适当坡度，以畅通排水。因为较大的废弃物一旦流入排水沟内将阻塞排水管道，故其出口处应设有滤水网。滤水网的设置，还可防止蟑螂、蚊虫、昆虫等病虫体自排水沟内侵入作业场，以维持场地卫生。

4. 商场超市场内堆放物品要求

商场超市内不得堆放无关的物品，否则不仅将影响作业，还会造成卫生管理上的死角，并容易发生意外事件。

5. 商场超市内照明和空气调节设施要求

作业场应有良好的照明及空气调节设施。要注意灯管、灯泡的洁净，同时要加护罩，以免破碎时掉入生鲜食品中。为维护生鲜食品的鲜度，作业场内的温度在处理作业时也应尽量降低，保持在 $15\sim18$℃。另外，为维持作业场地空气新鲜，尽可能地控制湿度，维持室内干燥。

6. 商场超市内病虫体防治设施要求

作业场内应有防止病虫体侵入设施。所谓的病虫体是指病原体自一寄主带至另一寄主的携带者，即病原体的媒介物。它能使病原体由患者或带菌者传至健康者，而使健康者患病或带菌。由于多数的传染病仰赖节肢动物为媒介，所以一般所谓病虫害防治是指蚊、蝇、蟑螂、跳蚤、鼠等动物的防治。防治病虫害的方法主要有两种：一是防治病虫体侵入作业场，设置纱门、黑走道、空气帘、水封式水沟；二是捕杀病虫体，以化学药品毒杀或捕虫灯、捕鼠笼、捕蝇纸等捕捉病虫体。

7. 商场超市冷冻、冷藏设施要求

设置冷冻、冷藏库储存原料与半成品、成品为保持生鲜食品的鲜度，

生鲜食品的原料、半成品、成品等应尽量减少暴露于常温时间，并应迅速进冷冻、冷藏库降温。冷藏库的温度应控制在 0～2℃，而冷冻库的温度，应维持在零下 18℃ 以下，并经常检查其温度是否符合要求。

8. 其他要求

区隔处理不同种类的产品。为防止产品相互污染，应分别设置水果蔬菜、水产品、畜产品的储存及加工室，而且在同一容器中不得混装产品。

第二节　商场超市环境卫生管理规范

一、商场超市卫生管理准则

商场超市卫生管理准则如下。

（1）商场超市制定卫生管理准则的目的，是维护员工健康及工作场所环境卫生。

（2）凡商场超市卫生事宜，除另有规定外，都需要依照卫生管理准则实行。

（3）凡新进入员工，必须了解清洁卫生的重要性与必要的卫生知识。

（4）本商场超市卫生事宜，全体人员必须一律切实遵行。

（5）各工作场所内，均须保持整洁，不得堆放垃圾、污垢或碎屑。

（6）各工作场所内的走道及阶梯，至少每日清扫一次，并采用适当方法减少灰尘的飞扬。

（7）各工作场所内，严禁随地吐痰。

（8）饮水必须保持清洁。

（9）洗手间、更衣室及其他卫生设施，必须保持清洁。

（10）排水沟应经常清除污秽，保持清洁、畅通。

（11）凡可能寄生传染菌的原料，应于使用前进行适当消毒。

（12）凡可能产生有碍卫生的气体、灰尘、粉末，应做如下处理。

① 采用适当方法减少有害物质的产生。

② 使用密闭器具，以防止有害物质的散发。

③ 在产生此项有害物的最近处，按其性质分别作凝结、沉淀、吸引或排除等处置。

（13）凡处理有毒物或高温物体的工作，或从事有尘埃、粉末或有毒气体散布的工作，或暴露于有害光线中的工作等，需穿戴防护服装或使用器具者，商场超市应按其性质制备相应的防护服装或器具。从事以上工作的员工，对于本公司设备的防护服装或器具，必须妥善保管。

（14）凡阶梯、升降机上下处及机械危险部分，均需要有适当的光照度。

（15）各工作场所的采光应满足下列要求。

① 各工作部门必须有充分的光线。

② 光线必须有适宜的分布。

③ 光线必须防止眩目及闪动。

（16）各工作场所的窗户及照明器具的透光部分，均必须保持清洁。

（17）各工作场所必须保持空气流通。

（18）食堂及厨房的一切用具，均必须保持清洁卫生。

（19）垃圾、废弃物、污物的清除，应符合卫生的要求，放置于指定的区域内。

（20）商场超市应设置常用药品，并存放于小箱或小橱内，以便利员工取用。

二、生鲜作业场地卫生管理

在生鲜食品处理过程中，不但要注重个人的卫生，其处理、储存的场所，同样需要保持清洁，而且要有防止污染的设施，以免在处理过程中受到污染。

（1）作业场的地面应以磨石子或金刚沙等不透水材料铺设，也必须有适当的斜度，以利排水。作业场地的地面于每天作业前、后及午休前应予冲洗，以维护场地卫生。

（2）墙面必须贴一米高度以上的白瓷砖或粉刷白色漆，以利清洗。天花板应完整无破损、积水、尘土、蜘蛛网或凝水的现象。干燥清洁的环境，可防止细菌生长、繁殖。

（3）设有完善的排水设施。生鲜食品处理，用水量相当多，一旦作业场地缺少良好的排水设备，便会使作业场积水，而无法作业。为利于排放废水，场内必须设排水沟，并有适当坡度，以畅通排水。因为较大的废弃物若流入排水沟内将阻塞排水管道，所以其出口处应设有滤水网，以维持场地卫生。消毒室的参考配置如图6-1所示。

（4）作业场内不得堆放与处理无关的物品，否则将不仅影响作业，还会造成卫生管理上的死角，并容易发生意外事件。

（5）作业场应有良好的照明及空气调节设施。作业场的光照度应维持在 100lx 以上，要注意灯管、灯泡避免设在生产线正上方，同时要加护罩，以免破碎时掉入生鲜食品中。为维持生鲜食品的鲜度，作业场内的温度在处理作业之时也应尽量降低，维持在 15～18℃。另外，为维持作业场地空气新鲜，尽可能控制湿度，维持室内干燥。

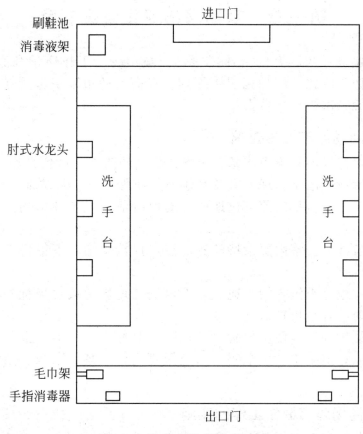

图 6-1　消毒室的参考配置图

（6）作业场内应有防止病虫害侵入的设施。防治病虫害的方法有以下两种。

① 防止病虫体侵入作业场：设置纱门、黑走道、空气帘、水封式水沟。

② 捕杀病虫：以化学药品毒杀或捕虫灯、捕鼠笼、捕蝇纸等捕捉病虫。

（7）设置冷冻、冷藏库储存原料与半成品、成品。为了保持生鲜食品的鲜度，生鲜食品的原料、半成品、成品等应减少暴露于常温之下，并应立即迅速送进冷冻、冷藏库降温。冷藏库的温度应控制在 0～2℃之间，而冷冻库的温度，应维持在－18℃以下，并经常检查其温度是否达到要求。

（8）区分处理不同种类的产品。为防止产品相互污染，应分别设置水果蔬菜、水产品、畜产品储存及加工室，而且同一容器中不得混装产品。

第三节　商场超市卫生管理制度

为确保员工与顾客的身体健康，提高卖场的工作质量和服务质量，使卫生工作制度化，应加强卫生管理。在商场超市爱卫会领导下，卫生管理工作统一由行政部负责。

一、商场超市卫生要求

（1）保持商场超市内店堂、走廊、公厕的清洁，做到光亮、无异味。保持内部厕所、浴室、理发室及其他公共场所洁净、无蚊蝇。

（2）车场（包括门前三包地段）要保持清洁，各种车辆按规定地点停放整齐。

（3）各部办公室内要保持整齐，窗户保持干净，不得将室内垃圾扫出外。

（4）垃圾分类倒入指定地点，不得倒在垃圾道或垃圾桶外。倒完垃圾后要及时盖好垃圾桶盖。

（5）爱护和正确使用厕所设备；用后要冲水，不得将报纸等硬纸片放入便池内；卫生巾、手纸要扔入垃圾篓内，严禁将茶根、杂物倒入洗手池。

二、商场超市卫生工作的实施

（1）各部室和商店的办公室、库房、食堂等场所，由在其间工作的员工负责打扫，做到日扫日清，定期大扫除。

（2）公共卫生区域由商场超市保洁员清扫，对商场超市实行卫生质量、费用承包。

三、商场超市卫生工作检查制度

（1）商场超市行政部设卫生管理员，负责卫生检查工作。商场超市每半年组织一次卫生大检查，此外，重大节日（"春节"、"五一"、"十一"）前也要进行检查，并对卫生工作做出讲评。

（2）行政部每周检查一次，根据情况随时抽查，发现问题限时予以解决。

第四节　商场超市食品的卫生安全管理

一、水果蔬菜鲜度管理

水果蔬菜（简称：果菜）要保鲜，其首要任务是做好温湿度管理工作。

（一）鲜度管理机理

果菜需采用低温管理的主要原因有以下 6 个。

1. 呼吸作用的抑制

呼吸作用越旺盛，有机化合物的消耗量就越大，果菜的鲜度就越差。一般温度上升 10℃ 时，果菜呼吸量变成原来的 2～3 倍；温度下降 10℃ 时，其呼吸量减少 1/3～1/2。

2. 蒸发作用的抑制

抑制蒸发作用需要低温，不需冷风。温度越高，湿度越低、空气流动越旺盛时，果菜呼吸量越多，蒸发作用也就越活泼。

3. 发芽的抑制

某些蔬菜（如马铃薯、番薯）在采收后，倘若温度及湿度高便会发芽，而使储存的碳水化合物等养分被消耗掉，导致失去味道、发芽、叶子掉落，以及绿叶因叶绿素被破坏而变黄，而且马铃薯的芽含有毒素，对人体健康有害。

4. 微生物活动的抑制

果菜如在田中感染细菌，细菌易因采收时处理不当，或运输中受温、温度影响变得活泼，而使果菜腐烂。微生物在低温时，其活动性会变弱。

5. 过熟的抑制

果菜采收后生命仍然持续，颜色由绿色演变到橙色、黄色；味道则是由酸味减少直到变味，但过分成熟时会变为老化，而失去商品价值。

6. 酵素作用的抑制

绿色蔬菜会自己消化酵素而变色，温度越低酵素分解度越弱。

通常湿度宜保持在 90%～95%。此外，叶菜类也不适合冷风。至于番薯、芋类等菜品在湿度 80%～85% 时即可抑制呼吸作用。柑橘类如果过湿则会促进呼吸作用，容易使水果果汁减少、味道变差、鲜度大为降低。

一般果菜的保鲜温度在 5～8℃，但香蕉、木瓜、甘薯等的合适温度，则要超过 10℃（在室温下即可）。

（二）果菜保鲜处理方法

大体而言，果菜保鲜处理方法有以下几种。

1. 冰冷水处理法

呼吸量较大的玉米、毛豆、莴苣等产品，可用冰冷水法处理，通常此类产品在产地就必须先预冷，然后装入纸箱，再运输至卖场。经过预冷的果菜送到卖场时其温度会升到 15℃；不经预冷的，温度会升到 40℃，而使果菜鲜度迅速下降。

冰冷水处理法是先将水槽盛满水（200L），放入冰块，使温度降为 0℃，再将果菜浸泡其中，使果菜温度降至 7～8℃，冰冷水处理后，再用毛巾吸去水分放进苏生库。

2. 冷盐水处理法

叶菜类可用冷盐水处理。其处理步骤如图 6-2 所示。

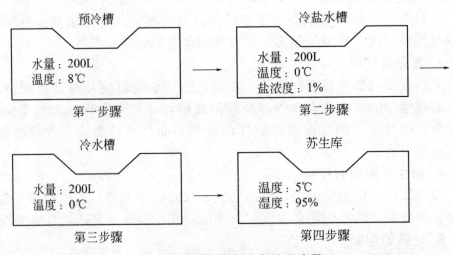

图 6-2　叶菜类冷盐水处理步骤

第一步骤：放在预冷槽处理，水量 200L，水温 8℃，将果菜预冷及洗净，时间为 5 分钟。

第二步骤：放入冷盐水槽，水温 0℃，盐浓度 1%，时间为 5 分钟。

第三步骤：放入冷水槽中，水温 0℃，洗去所吸收的盐分。

第四步骤：放入空间较大的干容器中，并送进苏生库。

3. 复活处理法

葱、大白菜及叶菜类等用此法处理，能使果菜适时地补充水分，重新复活起来。此法是将果菜放入一般水温、200L 水量的水槽中，洗净污泥，并吸收水分，然后放入空间较大的容器中，使其复活。

芥菜、水芹等果菜的菜茎前端切割置于水中，使根部充分吸收水分，复活效果更佳。

4. 直接冷藏法

一般水果、小菜、加工菜类等可用此法处理。此类商品大部分已经由厂商处理过，在销售前，只需要包装或贴标签，即可送到卖场销售。此类商品可直接放进冷藏库中。

5. 散热处理法

木瓜、芒果、香蕉、凤梨、哈密瓜等水果可用此法处理。此类商品在密闭纸箱中，经过长时间的运输，温度会急速上升，此时要尽快以降温处理，也即打开纸箱，充分予以散热，再以常温保管。

6. 常温保管法

南瓜、马铃薯、芋头、牛蒡等类商品可用此法处理。此类商品不需要冷藏，只要放在常温、通风良好的地方即可。

（三）鲜度管理注意事项

（1）进货果菜要尽早降温。

（2）叶菜类要直立保管。

（3）有切口的蔬菜，切口应朝下。

（4）理想的苏生库温度是 5℃，湿度为 95％。苏生库内，最好使用硬质容器。

（5）避免冷风直吹果菜，否则果菜容易失去水分而枯萎。为保持苏生库内湿度，防止商品失去水分，可在容器上覆盖吸水性佳的麻制厚布，也可使用湿报纸，但报纸容易干涸，且不能重复使用。

二、水果蔬菜鲜度检查

不新鲜的果菜，不但容易引起顾客的抱怨，而且顾客会对超市所贩卖商品鲜度产生怀疑。如果这种事情不断发生，会严重影响顾客的回头率。因此，如何做好鲜度检查，是超市从业人员的重要职责之一。

果菜在进货以及上架陈列时，要进行鲜度检查，已陈列的果菜也要每天检查。进货时，一般是抽验，上架陈列时则要全数检查，而已陈列的果菜每天至少要进行两次以上的全数检查。

陈列的果菜常会因顾客的挑、捡、捏、压而影响鲜度，也会因陈列时间的增加而影响鲜度，特别是当天卖剩的果菜，鲜度容易变差。因此，超市每天在早上开始营业之前以及下午高峰时刻来临之前要进行鲜度检查。早上检查的是前一天卖剩的果菜，以及当天进货陈列上架的果菜；下午检查的是被顾客挑拣后的果菜，以及从冷藏库拿出要补充陈列上去的果菜。若超市的营业时间是从早上 9 点到晚上 10 点，则鲜度检查的时间可在早上 7 点到 8 点半，以及下午 2 点到 3 点半。

检查者一般是果菜柜台的服务员，复查者是农产部主管，以及店长或副店长。果菜鲜度检查后，若发现鲜度不良，则要丢弃。不过，如果一包菜里面只有少量鲜度不良，则把不良的挑出丢弃即可。

果菜在鲜度将变坏但未变坏之前，可进行特价贩卖促销，一般超市都在晚上 6 点或 7 点以后，将当天剩下的不易久藏的果菜，以超低价卖掉。

主要蔬菜鲜度不良的判断方法，如表 6-1 所示。

表 6-1　水果鲜度不良的判断方法

品名	鲜度不良判断依据
橘子	裂开、有很多皱纹、腐烂
苹果	果皮有皱纹、弹起来声音不清脆、压伤、腐烂
梨	擦伤很多、压起来软软的
西瓜	压起来软软的、弹起来声音沉重、不清脆
哈密瓜	有虫吃、表皮没光泽、重量轻、腐烂、摇起来有水声
香瓜	果皮没有纹路、压起来软软的、腐烂、摇起来有水声
葡萄柚	重量轻、果皮有皱纹
凤梨	果皮有黑色斑点、向下压汁会流出
香蕉	压伤、软软的、果皮变黑，果实脱落、果皮裂开
柠檬	皮有皱纹、长霉
奇异果	表面有皱纹、变软
杨桃	质软、果实掉落、压伤、裂开、梗枯萎、发霉
葡萄	腐烂、果皮没光泽
鸭梨	擦伤、碰伤、裂开、枯萎
樱桃	表皮变黑、软掉压伤、裂开
莲雾	果皮起皱纹、压伤、腐烂
水蜜桃	叶子枯萎、水伤
空心菜	叶子枯萎、水伤
小白菜	叶子枯萎、水伤

品名	鲜度不良判断依据
韭菜	叶末端凋萎、变软、变色
青葱	变色(黄)凋萎、水伤、腐烂
大葱	叶子变黄、叶柄变色(褐色)、茎折断
甘蓝菜	叶子变黄、头变色(褐色)、有泥土
大白菜	切口变色(褐色)
菠菜	叶子变黄、有泥土、茎折断、水伤、腐烂
茼蒿	叶子有泥土、凋萎、变色、水伤、枯黄、腐烂
小黄瓜	被压到、全部变红色软软的、裂开
番茄	表面没有光泽
茄子	表皮变色、小块包装切口变色
南瓜	头腐烂、擦伤
青椒	头腐烂、枯萎
莴苣	头变色(茶色)、叶子腐烂、擦伤、凋萎
生菜	头变色(茶色)、叶子有黑色斑点
西芹	切口变色、叶子变黄、茎折断
青花苔	花有泥土、变色(黄色)
花椰菜	有黑色、黄色的斑点
毛豆	变黄、变黑、枯干
玉米条	玉米粒凹陷、失去水分、梗变褐色、变黑
姜	发霉、枯干有皱纹
小白菜	叶子枯萎、腐烂
紫苏叶	变色(茶褐色)、凋萎
豆芽	变色(茶褐色)、冻伤出水
加工竹笋	水变浊、表面变软
西洋菜	叶子凋萎、变色(黄)

品名	鲜度不良判断依据
黄秋葵	有黑色斑点、枯萎
洋菇	变褐色、有斑点、开蕈
草菇	开蕈、出水
蒜头	长芽、发霉、擦伤
芋头	发霉、擦伤
洋葱	水分流出、长芽
马铃薯	长芽、变色(绿色)
地瓜	变色(茶色)
牛蒡	变色(赤茶色)、枯干、纤维硬化
胡萝卜	变色、软化
萝卜	枯萎、叶有泥土、表面不干净、质轻
莲藕	表面、切口变黑色
生竹笋	切口变色(茶褐色)、笋尖变色(绿色)
生香菇	表面变黑、有泥土、出水
金丝菇	头、茎有泥土,腐烂
四季豆	枯萎、变色、脱水
豌豆	变色、脱水
菱角仁	变色、脱水
丝瓜	变黑、软化
苦瓜	变色、压伤

三、肉品鲜度管理

随着生活水平的提高,肉品的消耗量也随之大增。不过由于肉品容易滋生细菌,所以在管理上必须特别注意,最好能把握货畅其流的原则,让肉品在处理当天销售完毕;若无法达到货畅其流的目标,也必须尽快加以处理,以使其维持鲜度的时间延长。

肉类具有容易变色、易繁殖细菌、易渗出肉汁的特性,所以必须特别注意鲜度管理方法,以免造成超市的损失。

肉类商品的管理首先应慎选原料厂商，其次要注意在运输、储存处理时，必须将温度控制在12～18℃之间，最后还必须加以不同的加工处理方式，如加盐水，以使肉品的鲜度提高，如此才能真正将肉品的销售耗损降至最低。

肉品的品质变化与细菌的增殖及酵素的分解有密切的关系。了解肉品的特性，对鲜度管理有很大的帮助，超市肉品鲜度管理方法如下。

1. 慎选原料厂商

超市所贩售的肉品保持良好的鲜度，首先必须要有鲜度良好的原料。为了确保原料供应的品质，应认真筛选原料供应商，通常有规模、有严格制度的公司，在供货品质、运送效率、货源的掌握等方面，会维护其商誉及业绩，一般会严谨办事，因此牛、羊肉的冷冻原料宜选择规模较大的贸易商；猪、家禽肉等的冷藏原料，则需选择具有优良肉品的厂商，才能确保原料鲜度。

2. 以冷冻、冷藏车运输原料

为做好原料的温度管理，以避免原料在运送期间温度发生变化，冷冻肉品原料应以冷冻车来运输，且其温度要控制在－18℃以下。冷藏肉品则必须以冷藏车运输，温度应维持在2℃以下。此外，为免肉品受到污染，运输的车辆、容器均需保持清洁。家畜肉容易发酵，所以必须冷藏原料，为降低品温，还必须再敷冰块。

3. 以冷冻、冷藏方式储存

低温可以抑制细菌的繁殖及酵素的分解，因此为维护供应肉品的品质，无论是原料、半成品或成品，均必须以低温储存，冷冻肉品则应以－18℃的冷冻库储存，冷藏肉则以0℃的冷藏库储存为佳。冷藏禽肉在储存前必须先敷冰。库内的商品存放不要堆积过高，且不要紧贴墙面，最好与墙保持5cm的距离，以维持冷风的正常循环，否则会影响品质。

4. 快速处理

肉品的中心温度一旦回升便容易变质，因此处理时要掌握时间，以避免中心温度回升；如果因作业安排，遇到延迟情况，必须将肉品先送回冷藏库作降温处理。

5. 控制室温

理论上，在低室温下处理是保护肉品鲜度的良好方法，但以人类的体能以及作业效率而论，在低温下均会受到相当大的影响，因此处于亚热带的南方，其处理室的室温宜控制在12～18℃之间。倘若从业人员能够适应低温作业，室温最好能降至12℃。

6. 覆盖保鲜

肉品的表面如长时间受冷气吹袭，表面水分便很容易流失，导致产生褐色肉，影响口感，因此分装原料肉时，需以保鲜纸包装后再储存。如果为了保护及固定成品，可以用保鲜膜包装后再储存或销售。

7. 控制展柜温度

冷冻型态的成品须以冷冻展示柜陈列展售，其柜温则应控制在－18℃以下，而冷藏型态的成品则必须以冷藏展示柜陈列，其柜温应控制在－2～0℃之间，以保持成品的鲜度。

8. 适当的陈列高度

肉品的陈列高度以两层为限，如果超过两层，底层易因冷风供应不良，而导致回温，因此陈列物千万不可阻塞出风口。

9. 加强鲜度检查

营业前、营业中或打烊时，均应检查肉品的鲜度。

10. 减少污染源

应经常实施作业场、个人、设备等的卫生管理，以减少商品因受污染而带菌，使鲜度下降。

11. 以冷盐水机处理禽肉及内脏

以 0.8％盐度的冷盐水机处理冷藏的禽肉 15～20 分钟，不但可快速降低禽肉品温度，还可消除附着在表面的细菌，对禽肉的保鲜具有相当好的效果，内脏类因较易发酵及含菌，也必须用冷盐水机浸泡处理，以保持其鲜度。

12. 延长商品寿命

包装成品内可适当充填其他气体或抽成真空状态，以延长商品寿命。

（1）充气包装：这就是一般所说的变更大气环境的包装方式（简称 MA 包装方式）。其方法是：先以真空泵抽出包装袋内的气体，再将 80％氧气（O_2）＋20％二氧化碳（CO_2），及惰性气体（N_2），填充入包装袋内，可促进肉色成鲜红。

（2）真空包装：抽取包装内的空气，并配以氧气通透率极低的包装材料，可减低肉品氧化、酸败的速率，并确保肉品品质。

四、肉品鲜度检查

肉品鲜度检查有下列方法。

1. 嗅味道

除了熟成的牛肉会稍有酸味外，其他新鲜肉品通常没有异味，因此如有异味，即表示鲜度不佳。

2. 看颜色

肉色最初呈暗红色的，短时间与空区接触时仍是鲜红色，但是如长时间暴露之后，其肉色便会呈褐红色或灰褐色，此时即表示鲜度欠佳；如已呈绿色或黑色，则表示已有腐败现象。

3. 观察肉品组织的弹性

新鲜肉品的组织弹性较好，没有弹性的肉品表示鲜度较差。

4. 表面状态

一般鲜肉的表面含有水分，且感觉光滑，以手触摸时并未感觉湿状，如感觉出湿湿的，甚至有水滴滴下，即表示此种肉的品质差，且吃起来没有味道。如肉表面干燥，且肉色暗红，则表示此肉异常，很容易腐败。

5. 肉品中心温度检查

肉品的中心温度（冷藏肉）在$-1.7 \sim 0^{\circ}C$时，表示肉品鲜度较为良好。如在$0^{\circ}C$以上时，表示鲜度不佳。冷冻肉的肉品中心温度在$-18^{\circ}C$以下，即表示鲜度够，可依照标示有效期间内食用。若肉品中心温度高于$-18^{\circ}C$，则其有效期限就会缩短，尽可能及时处理，或改以冷藏肉销售。

6. 含菌数检查

肉品的鲜度劣变速度与受污染的细菌含量有很大关系。进货原料含有少量细菌数时，其劣变速度较慢；如其含量增多，则会加快其劣变的速度。

五、肉品安全加工

肉品的加工处理，是原料采购经过验收后，在处理场经切割成商品的过程，其程序如下。

（一）原料肉入库

1. 家畜原料肉

在验收完成后，应立即通知加工处理场内的作业人员或技术人员前来领取原料肉，并依原料肉的冻结性质，分别送入冷冻库或冷藏库储存，以备加工处理使用。加工处理室及验收室的温度较高，不能久放，否则会影响肉品鲜度。因此必须彻底做好温度管理，使原料肉维持低温状态。冷藏原料肉进库时要拆箱，以小包分装方式相隔离，置于冷藏库的棚架上，迅速降低温度。如果原料肉是裸包型态，则必须以塑胶袋或保鲜膜先包装后再储存，以免发生脱水或干燥现象。

2. 家禽原料肉

家禽的原料肉大部分为冷藏品，在验收完成后必须立即覆冰，迅速降低原料肉温度。因家禽的肉品较易发酵而使肉品温度升高，在运送原料时，必须覆冰在箱上方，以防止肉品温升高。肉品经长途运输覆冰已溶化，因此在验收后必须先予覆冰，再通知加工处理场的作业员前来领料，并迅速送入冷藏库中储存以备加工之用。家禽家畜的原料肉应分别储存，以免相互污染。

（二）肉品一次处理

肉品一次处理，即指部位肉的处理。当猪、鸡、鸭的原料肉产地价格下跌时，超市为便于竞价，不妨自购原产品，委托电宰场代宰，再将其屠体运回加工作业场，自行分切部位肉，可以降低成本。其分切成的部位肉分类如下。

1. 猪肉的部位分切

（1）肩胛部：在第四与第五肋骨之间，与背中线呈直角切断成肩胛部。由肩胛部再分切成前腿、胛心肉、中排。

（2）腰内肉：由耻骨前端下方切断，并顺延腰内肉的后端切离，取出腰内肉。

（3）后腿部：由最后与倒数第二腰椎之间与背中线呈直角切断成后腿。后腿部再分切成后脚、蹄膀、后腿肉。

（4）背脊部：在脊椎骨下方第二条脂肪线约一指宽处，与背中心呈平行，切成背脊部及腹胁部。背脊部可分切成大排、粗排、小排、大里脊。

（5）腹胁部：腹胁部可分成三层肉、腩排。

2. 鸡的部位分切

肉鸡经宰杀后成全鸡，进加工处理场后，进行分切作业，先行剖腿作业，再取出鸡翅、鸡腿、鸡里脊，并可再分切成清腿、鸡腿、鸡排、三节翅、二节翅、翅小腿、清肉等部位肉。

（三）冷盐水机处理

肉品的一次处理是在15℃的加工作业室进行，所处理分切成的部位肉表面温度已逐渐升高，如果立即包装可能会影响品质，为急速冷却表面温度，可以用冷盐水机来处理，效果较为显著。将部位肉浸渍在泡有盐浓度为0.8%～1%的冷盐水机内，借助泵的作用产生流动的冰水（温度为-2～0℃），迅速降低肉品的表面温度。例如，1%冰盐水的泡制法为：以1kg的食盐加水99kg而成100kg的盐水溶液。

陆上动物肌肉内约含有0.85%的盐水分，而以相同浓度的冰盐水来处理，不至于使冰盐水的盐分渗透到肌肉内，出现等涨现象，但如果浸渍时间太长，会导致盐类以及糖分流失，从而影响肉的口味，或形成水样肉。因此处理家禽时，其部位肉浸泡时间为 15 分钟，内脏则必须浸泡较长时间，一般为 20 分钟。家禽较易变质，盐水溶液内另注入适当浓度的氯水，以达到消毒效果。处理家畜时则浸泡 15 分钟。

用冷盐水来处理家禽与家畜有下列效果。

（1）降低肉温　在 0℃ 左右（−2～0℃）的冷盐水中浸泡，可直接降低肉温。

（2）可将细菌洗净　利用冷盐水机中流动的水流，可将附着于肉表面的细菌洗净，即使不完全，也可使细菌减少，对肉品保鲜相当有利。

（3）促进发色　盐对肉品的颜色有一定程度的促进，更由于急速冷却，在去除细菌时有相当的效果，使肉色良好。用冷盐水机浸泡处理的肉品，可用浸泡过冷盐水的干布，将肉表面的水分擦干。

（4）解冻　冷盐水机可兼作冷冻肉品解冻之用。

（四）肉品二次处理

部位肉经冷盐水机处理后，用干毛巾擦拭表面，去除水分，再进行细分作业切成商品化肉，实施细分切、整理的作业称为二次处理。执行二次处理可以使用锯骨机、切片机、绞肉机等机器，以及用透骨刀、整形刀、去皮剃刀等刀具，将肉品修整成块状、片状或碎肉状。

（五）装盒

超市所处理的肉品，为固定其形状及美化商品，在包装前，先用发泡聚苯乙烯托盘盛装肉品后再包装。可以在托盘上方另垫白色的吸血纸，以吸收因温差而流出的肉汁。托盘的规格、形状较多，应依消费者的需求量及美观的原则来选择。另外，在装盒后为衬托商品，再加上各种形式的山形叶花饰，以美化商品，吸引顾客。

而批量生产冷冻肉品的厂商，部分肉品有用 PVC 浅盘来装盒，如盛装猪肉所用的浅盘，然而，各部分肉所整理出来的商品装盒量，就必须依消费者的需求，以及烹调方式来制定。个体大的，如全鸡、猪心、舌头、腰子等，就以一只、一个或一对来填装；分切成块状、条状、细丝状、细条状或碎肉等商品的填装量约在 300～500g 之间，以一餐用完的数量为原则。

（六）包装

消费水准逐年提升的结果，使得超市所陈列的商品，在符合消费潮流的前提下，在提升商品品质的同时，更要注重商品的包装。商品包装的目的，在于确保品质及延长商品寿命，便于管理，防止因碰撞导致商品受到损害，更要使商品美观，以吸引顾客，达到促销效果。

因销售对象的不同，肉品包装材料的选用也有区别。包装原料肉（部分肉）所使用的材料有玻璃纸、PE 纸及 PVC 纸；使用于包装商品化肉品的包装材料，则以 PVDC 薄膜最为普遍。

至于包装方式，原料肉的供应商最常用的为真空包装；专业肉品制造商则有部分用充气包装，此法大多使用于冷藏牛肉等高级商品。超市后场的包装方式，采用最普遍的为保鲜膜机的包装，再辅以磅秤标价机，就能完成包装、标价作业。若是供应超市的生鲜肉品处理中心，其用生产线方式处理，数量很大，就必须采用包装标价速率高的自动包装标价机，比较符合经济效益。

（七）储存

储存是为了延长肉品的寿命和保存期间，而肉品的品质变劣与微生物的污染和增殖有关，微生物的生长、增殖则受肉品中水分活性度、pH值、温度、氧气及添加物等影响，因此，肉品储存方法必须考虑上述因素，以控制微生物的增殖及肉品本身的化学变化。延长肉品保存时间的最好方法，是利用冷冻或冷藏。冷冻就是储存于 $-40 \sim -20^\circ\text{C}$ 之间，冷藏则储存于 $-2 \sim -1^\circ\text{C}$。为了避免环境的影响，储存时，冷藏、冷冻库的门应少开启，并经常检查库内的温度。在堆积肉品时，要留有通风道，以保持冷风循环，并放在栈板上，尽量避免地面的污染。

各种肉类的冷却或冻结的冷藏条件如表 6-2、表 6-3 所示。

表 6-2　各种畜肉的冷却冷藏条件

肉类别	冰结点/℃	温度/℃	相关湿度/%	期间
牛　肉	−1.7	0～1	88～92	1～6 周
猪　肉	−1.7	0～1	85～90	3～7 日
羊　肉	−1.7	0～1	85～90	5～12 日
仔牛肉	−1.7	0～1	90～95	5～10 日
兔　肉	−1	0～1	90～95	1～5 日

表 6-3　各种畜肉的冻结冷藏条件

肉类别	冰结点/℃	温度/℃	相关湿度/%	期间/日
牛　肉	−1.7	−23～−18	90～95	9～12
猪　肉	−1.7	−23～−18	90～95	4～6

肉类别	冰结点/℃	温度/℃	相关湿度/%	期间/日
羊　肉	−1.7	−23～−18	90～95	8～10
仔牛肉	−1.7	−23～−18	90～95	8～10
兔　肉	−1	−23～−18	90～95	4～6

（八）加工

肉品加工是将原料肉经过腌渍、按摩和滚打、填充、水煮或熏烟等处理，以及通过包装、储存程序而制成的商品，如香肠、火腿、腊肉等，是属于加工厂大量生产的商品。这里讨论的是处理量少，在超市后场用来改变产品形态，以及提高肉品的利用率，减少损耗而实施的方法。生鲜肉品是易腐商品，为克服销售损耗，可在品质尚未劣变以前，就改变其商品型态，添加调味料，腌制成调味肉等，如此不但可延长商品寿命，还便于顾客购后即可加热烹调，更可卤制成卤味，购后即可食用。

六、水产品鲜度管理

水产品由于自身容易分解劣变，细菌繁殖，易导致品质的腐坏，因此，特别要注意鲜度管理。

（一）温度管理

（1）采购鲜度良好的水产品原料。

（2）冷藏水产品原料。为降低水产品温度，使其表面温度维持在5℃以下，必须再敷冰。

（3）运输水产品原料或成品的车辆，必须采用冷冻或冷藏车。

（4）待处理的水产品原料或半成品，应储存于冷藏库中。

（5）最好以冷藏库来解冻水产品原料，以免水产品温度超过0℃。

（6）冷藏库的温度应设定在−2～2℃之间，冷冻库的温度应维持在−18℃以下，并定时巡视库温。

（7）水产品作业场或处理室的室温应控制在15℃以下。

（8）水产品处理、包装作业要迅速，以免水产品温度升高。

（9）用冷盐水机或冷流水来降低经一次处理的水产品原料温度。

（10）待处理的半成品在冷藏库降温时，必须覆盖湿毛巾，防止表面水分蒸发。

（11）已包装的成品应立即送入冷藏库或展示柜。

（12）冷藏展示柜的柜温应维持在－2～2℃之间，冷冻展示柜温度应维持在－18℃以下，并且每天巡视柜温三次，并做好记录。

（13）陈列柜上如有鲜度不良或异味的水产品应立即剔除。

（二）卫生管理

（1）作业人员应身着浅色清洁衣、帽、鞋、手套、口罩，以防污染水产品。

（2）进场作业前要彻底清洁手部及鞋部，剪指甲、摘下饰物。

（3）禁止患有传染疾病或手部有伤口、脓疮者从事作业。

（4）工作场的排水系统及地面、墙壁、天花板、门窗等，应符合卫生规定。

（5）原料、成品、半成品等禁止与地面直接接触。

（6）储藏库要保持清洁卫生，维持通风良好，并且必须有完善的排水设施。

（7）作业前、后应清洗作业场或设备。

（8）以符合饮用水水质标准的水来处理水产品。

七、水产品鲜度检查

水产品的鲜度判定法繁多，一般生鲜超市后场，则多采用官能检查法，实施水产品的品质判定作业。

官能检查法的项目如下。

1. 死后硬直状态

近海现捞渔货，通常被置于碎冰屑中，检查时视其躯体有无冻结现象，若呈硬直状态则是鲜品；鱼体小的则将之置于掌中，这时尾柄下垂的，鲜度就较差。

2. 眼球状态

新鲜渔货目光必定清澈，里面看不出眼珠，同时眼球饱满；不新鲜的，眼球常充血呈红色，混浊不清，且能看出白色眼球；经冷冻后再解冻的鱼体，眼球会塌陷或发生皱纹，但这种现象仅限于深海鱼类。

3. 鳃的颜色

新鲜渔货的鳃羽是鲜红色，且无腥味，同时由于死后硬直作用，也很难打开；鲜度差的渔货，鳃羽呈灰色或暗绿色，有腥味，甚至有刺激性恶臭。

4. 鱼鳞状态

新鲜渔货的鱼鳞有光泽，且完整；鲜度不佳的渔货鱼鳞有脱落现象或摩擦褪色，无光泽。

5. 肉质状态

新鲜渔货肉质较硬，富有弹性；鲜度差的肉质软化而松弛。用手指触压鱼体，复原力好的为鲜度良好；留有指印的，其鲜度不佳。

6. 气味

新鲜渔货略带有海水味或海藻味道；鲜度不佳的渔货有腥味、氨水味，甚至有恶臭。

7. 腹部状态

新鲜渔货的内脏完整、腹部坚实；鲜度不良的，其内脏分解，并产生气体效应，呈膨胀或破肚，稍挤压则流出浓液或内脏外流。

八、水产品安全加工处理

超市水产部门采购水产品原料并验收后，需要加工处理。

（一）敷冰

敷冰是指利用碎冰块降低水产品温度，以保持鲜度。

（二）原料进库与解冻

冷冻品的原料是呈冻结状态，加工处理前，必须先予以解冻，使鱼体软化后才便于切割。

（三）一次处理

水产品经去鳞、去鳃、剖脏、去内脏等处理程序，称为一次处理。

（四）冷盐水机处理

水产品经一次处理后，已长时间暴露于室温下（15～18℃），鱼体会出现回温现象，此时必须再用冷盐水机做降温作业处理，并利用冷盐水机所产生的过流冲除附着在鱼体的细菌。处理水产品所使用的盐水浓度应类似海水，盐度为35，而其温度应控制在−1～2℃之间，处理时间约为15分钟左右。

（五）二次处理

对水产品以刀具做切割与修整成商品的作业称为二次处理。

水产品商品化的处理方式有：整鱼或全鱼、半处理鱼、片鱼、三片鱼、段块肉、鱼排、生鱼片、鱼干、鱼头、鱼骨。

（六）装盒与包装

水产品所使用的包装材料，就鲜鱼类而言，可用不同形式的托盘来装盒，并酌加烹调用的佐料，再衬以饰花后，用 PVDC 保鲜膜卷后而成一种美观的商品。对于鱼干类的包装，个体较小的可用塑胶盒依定量方式包装，再热封。贝类，如文蛤，则可用塑胶网袋以 300g 一包的方式包装。

（七）标价

售价的拟定，应经常调查商圈内邻近竞争店、传统市场等的价位，以及其处理的方式，随时机动调整。

（八）储存

水产品经包装处理后的产品，若在一至两天内能销售完毕的，可利用冷藏库，以冰温来储存；如需要长期储存，则必须在冻结后，再放入冷冻库中。

有关鱼类冻结可能储存期限及温度的关系，可参考表 6-4 所示。

水产加工品的冷藏温度及保存期限，可参考表 6-5 所示。

表 6-4　鱼类冻结可能储存期限及温度

鱼种 ＼ 温度/℃ 储存期限/日数	−5	−10～ −5	−15～ −10	−18	−25	−30
多脂肪鱼	—	＜3	3～6	4～8	8	12
中脂肪鱼	—	—	—	8	18	24
少脂肪鱼	＜3	3～6	6～9	10	24	＞24
熏制鱼						
中脂肪	—	—	—	—	—	7
多脂肪	—	—	—	—	—	4.5
蟹	—	—	—	6	12	15
虾	—	—	—	6	12	12
虾（真空装）	—	—	—	12	15	18
蛤蜊、牡蛎	—	—	—	4	10	12

表 6-5　水产加工品的冷藏温度与保存期限

食品种类		温度/℃	湿度/%	保存期限/月
素干品	鱿鱼 鲑鱼	−5～−2	70～75	6
	秋刀鱼	−18 以下		12
节类	鲣鱼	−10		6～12
盐干品	鲭鱼、秋刀鱼	−10		1～2
	鲳鱼			6
	鱿鱼、乌贼	−10～−5		3～6
盐藏品	鲑鱼、鳟鱼	−20～−18	75～80	6
	鳕鱼	−18		3～6
	秋刀鱼、鲭鱼、花枝鱼	−18		3～6
	海蜇皮	−12～−10		12
个煮	虾、贝 昆布、小鱼	−15～−12		3～6
盐辛	花枝鱼、铿小鱼	−18	75	6
熏制品	鲑鱼	−15～−10	75～80	6
	鳕鱼、花枝鱼、章鱼	−10～1		3～6

九、日配品鲜度管理

杂货商品品类繁多、涵盖面广，包括一般食品、糖果、饼干、日用消耗品、衣料、五金、文具、玩具等。其中凡是需要以冷藏系统来陈列销售的成品，皆属于日配品的范围。

顾客对商店日配品的需求为：随时可以买到既新鲜，品质又好的商品，因此以提供新鲜商品为要务的日配部门，更需要讲求方法，以确保日配品的鲜度。

（一）日配品鲜度管理的基本原则

1. 卖场的基本管理原则

① 先进先出。

② 搬出商品时，不要忘记检查日期。

③ 定期清理商品、棚板及冷藏柜。

2. 验收的基本原则

① 不要忘记检查制造日期。

② 检查破损、压坏。

3. 作业场的基本原则

① 先进先出。

② 彻底执行温度管理。

③ 打扫、整理冷藏库。

4. 日配品常温存放原则

有些常温存放的日配品，必须遵守下列三点原则。

① 不要让阳光直接照射商品。

② 重的商品放在下面，轻的放在上面。

③ 完全驱除虫类、老鼠。

（二）销售容许期限的设定

有些日配品虽然保存于冷藏库、冷藏柜中，也会因存放时间过久而改变味道及颜色，所以应制作一份让顾客可安心购买的日配商品销售容许期限一览表，如表6-6所示，并且严格按此规定来对商品进行检查，这是非常有必要的。

表6-6　日配商品销售容许期限一览表

分类	容器	保质期限/天（生产日起）	容许销售期限/天（生产日起）	备注
鲜乳	塑胶瓶	8	5	
调味乳	塑胶瓶	8	5	
豆乳	塑胶瓶	8	5	
果汁	纸盒	14	10	
酵母乳	塑胶瓶	14	10	
果冻	塑胶瓶	14	10	
泡菜	塑胶袋	7	3	
根茎酱菜	真空塑胶袋	90	60	
叶菜酱菜	真空塑胶袋	90	60	
花果酱菜	真空塑胶袋	90	60	

分类	容器	保质期限/天（生产日起）	容许销售期限/天（生产日起）	备注
梅干菜	塑胶盒	90	60	
生面	塑胶袋	10	5	
熟面	塑胶袋	10	3	
馒头、包子	塑胶袋	7	3	
糕饭	真空包	30	7	
	塑胶袋	7	3	
手馅卷	塑胶袋	7	2	
鱼丸类	塑胶膜	3	2	
油炸类	塑胶膜	2	1	
小卤菜	塑胶膜	3	2	
豆腐干	塑胶膜	3	1	
豆腐	塑胶膜	3	1	
中华豆腐		30	10	
素食	真空包	30	7	
	塑胶膜	3	2	
鸡蛋(生)		10	5	
皮蛋		30	7	
水饺	塑胶袋	90	60	
冷冻馒头、包子	塑胶袋	90	60	
冷冻鱼丸	塑胶袋	90	60	
冷冻汤圆	塑胶袋	90	60	
冷冻蔬菜	塑胶袋	90	60	
馅卷	塑胶袋	90	60	
冷冻油炸品	塑胶袋	90	60	
冰淇淋		180	120	
冷冻保鲜水果		180	120	

（三）过期商品的处理

依销售容许期限一览表进行检查，对于快过期的商品，可依下列方法予以处理。

1. 快过期的商品

（1）可与厂商协调，降价销售。

（2）采用试吃、喊卖方式，尽快销售完毕。

2. 过期商品

可与厂商协调更换商品。

3. 退货商品

下列商品应予退货：

① 非订货商品，包括试吃或试销商品；

② 进货时即告破损的商品；

③ 非季节性的商品。

以一般常情而言，进货时的鲜度管理，可由厂商负责；但进货以后，日配商品销售容许期限内的责任，则应由店铺担负。

十、日配品鲜度检查

鲜度的保持时间与保存温度成反比，而且商品一旦鲜度恶化，并呈现化学变化时，此时再下降温度也无法恢复原先的鲜度。如冷藏柜每6小时会自动除霜30分钟，此时温度约为10℃，细菌就利用此时机来进行繁殖，使商品局部呈现化学变化及鲜度恶化。为了避免上述问题发生，鲜度检查规定必须遵守以下的准则。

1. 确认每日鲜度检查时间

一般都以每日2次为限，时间通常为上午9点及下午4点左右。

2. 检查内容

（1）是否遵守先进先出的陈列原则？

（2）是否定期擦拭棚板？

（3）有无商品破损的状况？

（4）冷冻食品、冰淇淋有无遵守规定达到最高陈列量？冷冻柜是否已呈现结霜、结冰的不良状况？温度有否保持在−18℃以下？

（5）确认并保持最适当的保存温度。

各类食品保存温度可参考表6-7所示。

表 6-7 食品保存温度表

食品	适合温度带/℃	标准温度/℃
牛乳、果汁	0～10	4～8
腌渍物	0～10	4～8
面类	0～10	4～8
植物类熟食	0～10	4～8
肉类熟食	常温	20～22
水物	0～10	4～8
蛋	常温	20
冷冻食品	－25～－18	－20～－18
冰品	－25～－20	－25～20

注：油炸物、油豆腐一天就会腐败，所以不可隔日再销售。

十一、日配品安全加工处理

日配品仍以工厂大量生产的规格品为主要销售商品，其加工处理的商品类别大都为熟食类，如鱼丸、卤菜等，除了葱类菜外，以分装占大多数。

（一）分袋包装

依据附近商圈的住户结构，分装出适合不同人口数的家庭食用品，如 350g 装，600g 装、2kg 装等。

（二）组合式分装

同一包装内，含有多种菜色，以组合家常菜或组合火锅菜最具代表性。

（三）熟食的处理

熟食的处理较为复杂，分述如下。

（1）原材料解冻与清洗，如鸡腿解冻、地瓜切片清洗等。

（2）油炸物：油炸锅最好分新油与回锅油两槽，当日注入的油为新油，前一日用过的油称回锅油，一般炸鱼常用回锅油，炸甜食或不辣的食品则用新油，此类食品放在热柜中销售，但最好不要超过 3 个小时。

（3）卤菜制作：将香料、酱油、糖、其他佐料放入大型卤桶，然后将原材料丢入加热即可，但因各种商品不同，所需加热时间也不同。此外，还应特别注意不能放在热柜中销售。

（4）烤烧类熟食：将原材料直接放入烤炉中，待烤熟后，再涂以佐料即可，可放在热柜销售，但以不超过 3 小时为限。

超市自己加工处理熟食的方法非常不经济，最好采用冷冻半成品下锅油炸即可销售的方式。

十二、杂货品有效期管理

（一）影响杂货商品鲜度的原因

① 陈列逾期商品；

② 陈列接近有效期限的商品；

③ 陈列凹罐商品；

④ 陈列真空包装遭破坏的商品；

⑤ 陈列商标脱落或包装破旧的商品；

⑥ 陈列产生锈蚀现象的商品；

⑦ 陈列变质商品；

⑧ 陈列遭灰尘沾污的商品；

⑨ 陈列商品制造日期、有效期间、成分、来源标示不清的商品；

⑩ 陈列厂商已更改包装，但店中仍陈列旧包装的商品。

以上十种情形最容易使杂货卖场的鲜度降低，所以在鲜度管理上要时常检查，尽力排除上述情况，以保持卖场商品的新鲜，才能获得顾客的信心。

（二）有效期间管理

有效期间的管理对杂货商品鲜度的影响最大，所谓有效期间管理，是要让消费者在商品使用期限到期前，将商品消费掉。

除了有效期间的管理之外，还有一个很重要的观念，也就是有效期间前置。所谓有效期间前置，是指商品在有效期限前预先将商品撤除，以保商品新鲜的做法。为了维护卖场的良好信誉，宁可将有效日期前置，而不冒险陈列接近有效日期的商品。

（三）一般杂货商品的有效期限

目前市面上一般杂货商品的有效期限如表 6-8 所示，可以作为超市管理上的参考。

表 6-8 杂货商品有效期限

类　别	有效期限	备　注
罐头食品	2～3 年	
酱油	2～3 年	
沙拉酱	6 个月～1 年	
碳酸饮料	1 年	
果汁（易开罐）	1～2 年	
调味品	1～3 年	
油脂类	1～2 年	
南北货	6～12 个月	
奶粉	2～3 年	罐装
咖啡	1～3 年	
奶精	1～3 年	
麦粉、麦片	1～18 个月	
茶叶	1～2 年	
速食面	6～8 个月	
速食调味品	1～2 年	
糖果	1～2 年	
饼干	6 个月～1 年	
巧克力	1 年～18 个月	保存在 15～25℃
基础化妆品	3 年	少数 5 年
洗发精	3 年	少数 5 年
香皂	3 年	少数 5 年
洗剂类	3 年	少数 5 年

类　别	有效期限	备　注
杀虫剂	2 年	少数 3 年
豆干	14 天～180 天	
蜜饯	180 天以下	
花生	1 年以下	包括豆制品
面粉制零食	1 年以下	

（四）有效期间管理的原则

1. 先进先出

商品管理，必须严格遵守"先进先出"的原则。

2. 商品检查与罚则

（1）商品检查以采购验收人员及现场担当人员两级检查最佳。

（2）检查要领

① 检查品质：厂商送来商品时，必须检查商品品质是否符合要求，特别是大量进货时，一定要当场打开几罐或几包，看看品质是否良好。

② 检查标示：检查商品是否清楚地标示：生产单位的资料、生产日期、有效期限、成分等。

③ 检量：检查送来的商品规格、重量是否符合标准，这一点很重要，因为超市每天进货量很大，检查人员为了要赶快完成工作，时常会疏忽这一点，从而造成商品的价值与标示价格不符的情形。

④ 检价：要注意验收单里的标价是否为超市要买进的价格，假如疏忽不慎，而以较高的价格进货，又以较高的价格来标示，不但销路会变差，库存商品放久了也会涉及有效期限的问题。

（五）超市食品安全管理制度

（1）县级及其以上政府所在地城市的食品超市、经营食品的商场和食品批发市场、食品集贸市场内的入场销售者（以下统称食品销售者），应该建立健全进货、索证索票制度，严格审验供货商（包括销售商或者直接供货的生产者）的经营资格，仔细验明食品合格证明和食品标识，确保交易对象主体资格合法，购入食品质量应合格。

（2）食品销售者对购入的食品，应该索取并仔细查验供货商的营业执照、生产许可证或者卫生许可证、进口食品的有效商检证明、标注通过有关质量认证食品的相关质量认证证书、国家规定应该经过检验检疫食品的检验检疫合格证明。

（3）超市和食品批发市场内的入场销售者首次购入食品时，还应该按食品品种索取，并仔细查验法定检验机构出具的该批次食品的质量检验合格报告，之后应该每半年索取并检验一次检验报告；检验报告所列检验项目应该包括法律、法规规定和保障食品安全的相关项目。

（4）食品销售者从种植户、养殖户购入自产自销的食用农产品时，应该索取并仔细查验供货商的身份证明和应该检验检疫的食用农产品的检验检疫合格证明。

（5）食品销售者购入食品时，应该索取供货商出具的正式销售发票；或者按照国家相关规定，索取有供货商盖章或者签名的销售凭证，并留下真实地址和联系方式；销售凭证应该记明食品名称、规格、数量、单价、金额、销货日期等内容。

（6）索取和查验的营业执照（身份证明）、生产许可证、卫生许可证、质量认证证书、商检证明、检验检疫合格证明、质量检验合格报告和销售发票（凭证），应该按供货商名称或者食品种类整理建档备查，相关档案应该妥善保管，保管期限自该种食品购入之日起不少于2年。有条件的食品销售者可以实行计算机管理，建立健全纸质和电子档案。

（7）实行加盟连锁、统一配送的食品销售者，可以由总部统一索取并检验相关证、票并存档；各连锁销售者可以凭总部出具的索证、索票证明和统一配送单存档，替代索证、索票档案；各连锁销售者自行采购的食品，仍应该按照要求自行索取并检验相关证、票。

（8）食品销售者对在其经营场所内自产自销的食品，应该建立生产加工记录。生产加工记录应该包括食品名称、用料成分、生产数量、生产日期、保质期等内容。

（9）食品批发市场、食品集贸市场的开办者，应该建立健全食品安全管理制度，审查入场销售者的经营资格，明确入场销售者的食品安全管理责任，并定期对入场销售者的索证、索票情况进行检查，督促入场销售者建立并切实执行索证、索票制度。

（10）实行"场厂挂钩"、"场地挂钩"等协议准入制度的食品销售者，除按照要求建立健全索证、索票制度外，还应该定期对协议供货的食用农产品养殖、种植基地或者食品的生产加工企业进行考察，确保养殖、种植基地或者生产加工企业的管理制度和提供的食品符合法律、法规的要求，对不符合要求的基地或者企业，应该及时提出改进的要求或者依法解除协议供货关系，确保食品质量合格，安全可靠。

（11）食品销售者应该以索证、索票制度为基础，建立健全内部食品质量安全管理制度，明确具体的质量安全管理人员和责任，定期检查食品的进、销、存情况，对即将到保质期的食品，应该在陈列场所向消费者作出醒目提示；对超过保质期或者腐败、变质、质量不合格等食品，应该立即停止销售，撤下柜台销毁或者依据规定制度进行处理，食品的处理情况应该如实记录。

（六）超市食品加工区对工作人员的要求

1. 从业人员卫生习惯要求

（1）为防止烟灰掉落于生鲜食品上，禁止从业人员在作业场内吸烟。

（2）员工拥有良好的卫生习惯，不但可维护个人的身体健康，还可杜绝许多污染源。凡从业人员出场处理食物或上洗手间后再进场时，必须要经过再消毒手续，而且不得随地吐痰。

（3）痰或唾液中的病菌会传播到生鲜食品上，因此应禁止作业场内随地吐痰及吃东西。

2. 操作人员的身体健康要求

（1）操作人员必须取得区、市级以上的卫生防疫部门颁发的服务行业体检健康证。

（2）操作人员手部受伤，包括刀伤、擦伤、烫伤，必须经过处理，用防水绷带包扎。完全包扎后，才能接触食品。

（3）凡是患有痢疾、伤寒、消化道传染病（含病源携带者）、病毒性肝炎、肺结核、渗出性皮肤病或其他有碍食品卫生者（肝炎、腹泻、呕吐、发热、咽喉疼痛、皮疹、眼耳鼻溢液），均不能参加生鲜食品的操作。

3. 作业前清洁要求

良好的个人卫生习惯，可以减少生鲜食品受到污染，并且可确保生鲜食品的鲜度及品质。指甲要剪短，不要涂指甲油及佩戴饰物。这是因为生鲜食品无论搬运、处理、装盒、标价等步骤的实施，均需要人的双手才能完成，而工作人员以手接触生鲜食品的机会最多。

操作人员开始工作之前或中途开始工作之前，以及不同的工作程序交叉开始前等均要洗手。在规定脚踏式洗手池或洗手间洗手，绝对不能在食品操作池中或盛装食品的容器中洗手。

4. 作业时穿戴要求

（1）以手肘或脚部推门进入作业场。

（2）刷洗工作鞋。

（3）洗刷手部并在消毒池消毒鞋面。

（4）以纸巾或消毒的毛巾擦干手部。

（5）消毒手部。

（6）穿戴整齐干净的工作服、工作帽。

（7）工作衣帽要求：以卫生、舒适、方便、美观为主；质料以不粘毛絮、易洗、快干、免烫、不易脱色为原则；颜色以白色、浅蓝、浅绿、粉红为主，因其比较容易辨别与清洁：工作帽要求能密盖头发为原则；工作服要求能密盖的衣领及袖口，其袖口应有松紧带，以防止袖口松散，被运转的机器碾压或切到；从业人员所穿戴的工作服、工作帽，容易沾染血水、油渍等秽物，所以要常常换洗，保持衣、帽的干净，以免穿戴不洁的衣、帽污染生鲜食品，进而影响食品质量。

（8）口罩要求：在作业场作业时，员工间难免因事请求指示或相互交谈，为防止交谈中口水混入生鲜食品从而污染商品，因此作业人员一律要戴口罩。口罩有布纱口罩及纸质口罩两种，可依作业需求选择戴用。

（9）工作鞋要求：处理生鲜食品时，需要大量的水来清洗原料或半成品。清洗过的水因含有油脂，容易使地面湿滑，若穿不合适的鞋，容易滑倒，因而影响作业人员的安全。选购及使用工作雨鞋必须注意下列原则。

① 颜色以白色为主，较易辨识与清洁。

② 必须选购防滑的工作雨鞋。

③ 工作雨鞋以长筒为宜。

④ 穿工作雨鞋必须将裤管塞入鞋内。

⑤ 从业人员在进入作业场前，先要把鞋面用刷子刷洗干净，以除去鞋面上附着的油污及不洁物。

5. 预防病菌污染食品

（1）设置手套架，放置手套，保持通风，使手套易干。

（2）患有皮肤病及手部有创伤、脓肿的病患者，其身上或手部的病菌容易再次污染经过处理、包装的生鲜食品，从而影响其卫生安全，所以应拒绝此类人员进入操作场地。

（3）手套应选择不透气、易清洗的质料，并经常检查手套是否有破损，且时常刷洗及消毒。

（4）从业人员创伤、脓肿的部分会产生葡萄球菌，生鲜食品受污染后会产生耐热性的肠内素，容易导致食物中毒，应防止其进场作业或监督其戴手套作业。

第五节　商场超市公共区域卫生安全管理

商场超市卖场公共区域的卫生状况，体现了商场超市卖场的管理面貌，因此，必须制定公共区的清洁工作标准，确保商场超市卖场内清洁卫生质量的稳定性。

一、商场超市清洁工作标准

1. 大堂清洁

墙面无污渍、灰尘，无非营业性告示；天花板及吊灯、筒灯无积尘、无蛛网，灯饰光洁无锈蚀；电话机无污渍；盆景、花槽无烟头、纸屑，盆架无灰尘；地面无纸屑，无明显污渍及脚印。

2. 器物清洁

在规定时间内（一周）铜器不返橘红色；铜器、不锈钢等制品无明显污渍、锈渍及灰尘，扶手上无手印。

3. 吸尘清洁

地毯上无纸屑、痰迹，无局部明显污渍；吸尘后的地毯无明显沙粒；地脚线无污渍，无灰尘；装饰画无积尘，无破损。

4. 玻璃清洁

大门玻璃无手印；门架装饰板无灰尘、蛛网；玻璃窗无明显灰尘，窗框、滑槽无积物；门地弹簧无污渍、油渍。

5. 电梯清洁

电梯内无蜘蛛网、灰尘；内壁无污迹、无手印、无灰尘；电梯门无手迹、污迹；电梯内地毯无废纸、烟头。

6. 洗手间清洁

镜面无水渍、斑点；镜灯箱无积尘；壁盆无锈迹、杂物；排风口、空调出风口无积尘；烘手器无污迹、水迹；洗手间标志牌无脏迹，灯箱无灰尘。

二、制定清洁保养计划

商场超市公共区域的清洁工作复杂琐碎，因此，要有一套适当的清洁计划，合理安排人力。同时要对一些大的清洁项目作出科学的保养计划，制定"安全卫生检查表"（表6-9），以延长商场超市设施的使用寿命。

表 6-9 安全卫生检查表

检验项目	存在问题	说明	备注	复检
消防	☐无法使用　　☐道路阻塞			
灭火器	☐失效　☐走道阻塞　☐缺少			
走道	☐阻塞　　☐脏乱			
门	☐不清洁　　☐损坏			
窗	☐损坏　　☐不清洁			
地板	☐不洁　　☐损坏			
厂房	☐破损　　☐漏水			
楼梯	☐损坏　☐阻塞　　☐脏乱			
厕所	☐脏臭　☐漏水　　☐损坏			
办公桌椅	☐损坏			
餐厅	☐损坏　☐污损			
工作桌椅	☐损坏			
商场四周	☐脏乱　☐废弃未用			
一般设备	☐保养不良　☐基础松动			
插座、开关	☐保养不良　☐不安全			
电线	☐损坏			
仓库	☐零乱　　☐防火防盗不良			
其他				

总经理：　　　　　　　　　　　　安保部经理：

三、加强巡视检查、确保公共卫生

有关保洁管理人员要加强巡视检查，检查是否达到规定的卫生标准，发现问题及时纠正。商场内部的管理人员也要对公共区卫生进行不定期的检查或抽查，以保证商场超市公共卫生符合标准。

第六节　从业人员个人卫生管理

一、作业卫生

凡进入生鲜食品作业场的员工、管理人员及参观人员，一律要穿戴整齐干净的工作服、工作帽、口罩，换穿雨鞋；刷洗工作鞋；洗刷手部并在消毒池消毒鞋面；以纸巾或消毒毛巾擦干手部；消毒手部；以手肘或脚推门进入作业场。

二、作业前洗手消毒

手部清洁方法如下：用肥皂或滴清洁剂用力搓两手的各个部位；用刷子洗手更能除去指甲内的污垢及细菌；以纸巾或已消毒毛巾擦干或以热风吹干；以手指消毒器消毒手部残留细菌。

三、指甲卫生

严格要求员工不得蓄留指甲，确保生鲜食品的卫生安全。另外，应要求从业人员不得佩戴饰物进入作业场内作业，而装饰物保管于更衣室内的储物柜。

四、病患者的卫生

从业人员要定期做健康检查，检查项目包括皮肤病、传染病、X 光透视、B 型肝炎。

五、作业时的卫生习惯

不得随地吐痰，咀嚼槟榔，吃食物，在作业场内张贴"禁止吸烟"标志（图 6-3），禁止任何人在作业场内吸烟。

图 6-3 禁烟标志

第七节　商场超市设备卫生管理

在处理生鲜食品的过程中，除了手会直接接触生鲜食品外，还有各种处理机具、包装容器以及运输工具等，同样与生鲜食品有接触，为防止病媒侵入，其卫生管理也相当重要，必须做好各项设备、器具的清洁卫生工作。

一、配置高温及高压热水冲洗设备

82℃的热水为脂肪的最佳溶解温度，所以，生鲜食品作业场应安装锅炉，供应82℃的热水，并备有冲洗场地的高压喷洗枪设备。

二、每天清洗各项设备

与生鲜食品有接触的设备，每天应于作业前、作业后，以及午休前做三次清洗工作，以防止碎肉、菜屑等残留于机具中，产生腐败，衍生细菌，进而污染食品。

三、清洗并消毒处理刀具

切割用的刀具，每天需清洗三次，并于作业结束后用消毒过的毛巾擦干，置入刀具杀菌箱内进行消毒作业，或送入冷冻库中进行消毒处理，并且严禁员工携带刀具出场，以防意外事件发生。

四、作业工作台的清洗

处理生鲜食品所用工作台，其台面应以不透水的材料制成（如不锈钢），以利于作业台的清洗，每天应清洗三次。

五、配置容器洗涤设备

运送生鲜食品所用的容器，在运送中难免会沾上油垢或灰尘，为了减少生鲜食品受污染，凡再进场使用的容器，均需要先以容器洗涤机冲洗、消毒后，才能再存放生鲜食品。

六、做好运送车辆的卫生管理

（1）进货用的四轮拖车在进货时，必须经消毒池消除拖车轮上的病虫，以防止拖车携带污染物进场。

（2）送货用车辆，应每天清洗，且应检查车厢内的温度是否合乎冷藏或冷冻的标准，以便做好温度管理。

第八节 商场超市卫生检查工作

商场超市营业现场环境卫生需要定期检查。

一、检查目的

统一各级人员对环境卫生重要性的认识，营造良好的购物环境，以此提升商场的形象，并推动销售额的增长，提高顾客满意度。

二、检查适用范围

适用于商场的外观和内部环境，包括墙体、门外广场、商场各大门、橱窗、地面、天花、窗户、商品、人员、设备、设施、用具、工具，以及影响环境舒适性的色彩、照明、声音、气味等。

三、检查目标

（1）管理人员具有保洁意识，能够发现目前环境卫生存在的问题。

（2）使营业员养成良好的卫生习惯，随时清洁周围环境。

（3）区域工作人员仪容仪表整洁，操作卫生规范。

（4）清洁工保证地面干净整洁，墙壁及有关设施、设备无污迹，空气清新。

（5）最终达到每位员工均具有保洁意识：见到商场内的垃圾，随时捡起放回垃圾筒；对顾客遗留的杂物，及时清理；对掉落的商品，立即捡起放回原位；遇到个人无法清洁的污迹，立即通知清洁工进行清理。

四、检查标准

商场超市每日要指派担负卫生管理责任的人员，检查各项卫生执行情形，检查项目、标准及评价如表 6-10、表 6-11 所示。

表 6-10　环境卫生检查项目及评价

类别	对象	检查内容	检查分数					改进措施
建筑物内	天花板 异物	异物 老鼠 蟑螂 蚂蚁	1	2	3	4	5	
人员	员工	微生物 大肠菌属 总菌属	1	2	3	4	5	
环境	门窗 纱窗		1	2	3	4	5	
微生物 落尘	地面 台面		1	2	3	4	5	

类别	对象	检查内容	检查分数					改进措施
车辆清洁	冷冻车辆	（使用手提式温度记录器检查）	1	2	3	4	5	
超市环境	超市内外		1	2	3	4	5	

表 6-11　全面卫生检查标准及评价

日期：　　年　月　日

序号	责任人	责任区域	检查标准	是否达标		需整改项
1		调味区	商品无积尘	是	否	
			货架、端架无积尘			
			价签无积尘、涂改			
			堆头商品无积尘			
			地面区域干净			
2		休闲食品区	商品无积尘			
			货架、端架无积尘			
			价签无积尘、涂改			
			堆头商品无积尘			
			地面区域干净			
3		前台	商品无积尘			
			货架、端架无积尘			
			价签无积尘、涂改			
			堆头商品无积尘			
			地面区域干净			
4		常温牛奶区	商品无积尘			
			货架、端架无积尘			
			价签无积尘、涂改			
			堆头商品无积尘			
			地面区域干净			

序号	责任人	责任区域	检查标准	是否达标	需整改项
5		散称饼干果冻	商品无积尘		
			货架、端架无积尘		
			价签无积尘、涂改		
			堆头商品无积尘		
			地面区域干净		
6		冷藏冷冻区	商品无积尘		
			货架、端架无积尘		
			冷柜柜体、盖板无污渍		
			冷柜无积冰		
			地面区域干净		
7		收银区	商品无积尘		
			货架、端架无积尘		
			价签无积尘、涂改		
			堆头商品无积尘		
			地面区域干净		
8		出口区	购物车摆放整齐、无积尘		
			地面区域干净		
			护栏无积尘、无污渍		
9		库房	商品码放整齐、标识清晰		
			地面区域干净		
10		主食区	展示柜无污迹		
			地面区域干净		
			区域各物品摆放整齐		

序号	责任人	责任区域	检查标准	是否达标	需整改项
11		营养品区	商品无积尘		
			货架、端架无积尘		
			价签无积尘、涂改		
			堆头商品无积尘		
			地面区域干净		
12		酒水区	商品无积尘		
			货架、端架无积尘		
			价签无积尘、涂改		
			堆头商品无积尘		
			地面区域干净		
13		日杂区	商品无积尘		
			货架、端架无积尘		
			价签无积尘、涂改		
			堆头商品无积尘		
			地面区域干净		
14		日化区	商品无积尘		
			货架、端架无积尘		
			价签无积尘、涂改		
			堆头商品无积尘		
			地面区域干净		
15		纸类区	商品无积尘		
			货架、端架无积尘		
			价签无积尘、涂改		
			堆头商品无积尘		
			地面区域干净		

序号	责任人	责任区域	检查标准	是否达标	需整改项
16		冷柜区	商品无积尘		
			货架、端架无积尘		
			价签无积尘、涂改		
			堆头商品无积尘		
			地面区域干净		
17		调料 面食区	商品无积尘		
			货架、端架无积尘		
			价签无积尘、涂改		
			堆头商品无积尘		
			地面区域干净		
18		散货区	商品无积尘		
			货架、端架无积尘		
			价签无积尘、涂改		
			堆头商品无积尘		
			地面区域干净		

说明：全面卫生检查由主管负责，每周进行一次，评价分为好、中、差三档；每次对差评者进行罚款处罚；好评者给予相应奖励。

第九节　商场超市废弃物的处理

商场超市废弃物分为可回收废弃物、有害废弃物、餐厨废弃物和其他废弃物。其处理方法如下。

一、废弃物管理

废弃物处理的执行情况应当有专人检查、监督和记录。废弃物设备设施存放容器或存放点应参考 GB/T 19095 要求，配有与废弃物对应的统一回收标识。

二、废弃物处理流程

1. 可回收废弃物

门店将一段时间内所收集的废弃包装材料送至废弃物回收区。废弃物分类操作人员按确定的分类要求，在相关负责人的监视下，将各类可回收废弃物投入对应的回收桶。

2. 有害废弃物

应在门店工作人员接触少、且安全的地方，划分专用暂存有害废弃物的区域，并按照国家相关要求标注清楚，分类放置相应废弃物暂存设备中。当有害物暂存区积存到一定量后，联系废弃物管理处等相关部门进行回收处理。

3. 有机废弃物

在食品加工区进行废弃物分类，并投掷到不同（食品、非食品）废弃物的垃圾桶。对于含水量大，容易腐烂变质，并带有异味的垃圾，必须装入垃圾袋，加盖或者密封存放，严禁裸露放置。

4. 废油处理流程

定时对废油进行油水分离处理，并将处理后的废油暂存在食品加工区专设的废油桶。根据门店所在城市或地区关于餐厨废油管理的相关要求，进行废油的处理、运输及登记。

三、其他废弃物处理流程

门店维修更换时产生的其他废弃物，如砖瓦、陶瓷、渣土、电子垃圾，应运至门店后场垃圾站暂存，每天由门店所在区域的环卫等清运单位进行清运。

门店进行大规模装修调整改造时所产生的其他废弃物，应运至后场垃圾存放站，并由施工方联系门店所在区域环卫清运单位进行清运。

第七章　商场超市治安管理

商场超市治安管理包括外部安全管理和内部安全管理，外部安全管理的主要内容是：防盗、防抢、防骗；内部安全管理的主要内容是：开（关）店管理、锁匙管理、金库管理、防止职务侵占、停电应急处理等。

第一节　商场超市防盗

商场超市要想在竞争中获取优势，最重要的是想方设法减少营运过程中的商品损耗，其中，卖场防盗十分重要。盗窃现象使商品非自然损耗上升，经营成本增高，这也是困扰商场超市管理的一道难题。既要解决防盗问题，又不能大张旗鼓，以影响销售。为了解决这一难题，应该从以下几方面入手。

一、防患于未然

（一）卖场布局和设计

（1）顾客进出口应该紧挨着，这样，无论顾客是否购买了商品，出口通道的设置都要使顾客必须通过一个结账处和服务处。

（2）在留有紧急出口的情况下，要解决偷盗者可能从无人照看区域出口溜走的问题，可以把第二个门作为紧急出口，标写清楚"不许开门"。如果紧急出口位于店内的其他地方，也应作类似的标记，并提防有人暗自开启此门。

（3）"盲区"也为藏匿商品提供了机会，所以，诸如酒类销售柜等类似区域的视线不应被遮挡住，或派专人经常察看。

最好是将公共休息室安排在卖场前面，并定期检查是否有丢弃的空袋子和价签。

（二）防盗式的商品陈列

卖场前部的陈设不应挡住收银员观察收款台后面的通道，以及顾客流动区域的视线，必须能从所在的位置看清卖场的情况。

体积小、价值高，且吸引人的商品，如，电池、刀片、胶卷、香烟等商品，必须放置在收银员看得到或偷盗者很少有机会能方便藏匿的地方。

实践证明，商品堆放得越高，偷盗者就越有机会秘密藏匿商品，而一般的货架陈列，商品都摆放至一人高，即在眼睛的水平线以上。

对于那些偷盗者喜欢偷的商品，最好不要陈列在卖场角落里的货架附近。为避免引起偷盗者的注意，要经常改变其摆放的位置，最佳方案是将这些商品放在卖场的入口附近。

二、提高防盗能力

（一）理货员要具备防盗能力

某些商场超市缺乏对理货员的防盗训练，在管理上没有将理货员当作防盗的一员。为了提高理货员的防盗能力，应该对理货员进行培训，使其掌握防止卖场偷盗所应采取的措施。当发现卖场偷盗或出现不诚实的可疑者，或者察觉同伴正在偷盗时，能确切知道应采取何种有力的措施。

若发现小孩在吃商场超市里的东西，而其父母却佯装不知时，应采取和善的态度提醒一下，以达到收回货款的目的。

（二）商场超市员工防盗能力训练

（1）收银主管和前台经理应重点加强防盗能力训练。

（2）将停止收款的出口关闭，使顾客从有收银员值班的收款台通过。

（3）必须具有检查顾客携带进店包袋的权利。

（4）应特别留意那些看上去"不顺眼"的顾客，必要时可派专人紧随其后。

三、防盗工作的原则

（一）全体动员

商场超市防盗管理，首先不要误认为防损是专业部门或相关人员的事，而与己无关。上至经理，下至普通员工，防损人人有责，群防群治才能事半功倍。因此，商场超市要将"培训、通报、检查"六字方针，贯穿到整个防盗过程中，所有在职员工（包括厂家信息员、促销员）都要参加防损部门的商品安全保卫知识培训，重点理解商品被盗、丢失、损坏的危害性，熟悉并掌握盗窃分子偷盗心理与动机，摸清其活动的规律，明确各自的防盗重点部位，全面地提升员工防范意识。防损部门要定期将商场超市发生的偷盗事件，适时地通报给全体员工，让大家都能随时了解商场超市防盗管理的动态，对有突出贡献者应予以及时奖励。商场超市管理层定期应不定期地对化妆品，以及体积小、价值高的易丢失商品进行检查，及时发现防盗漏洞，防患于未然，也可组织班组进行突击互检，这样常能对内盗起到威慑作用。

（二）隐蔽进行

通常，大、中型商场超市都设有保卫部或防损部。其功能有内保与外保之分，外保一般都请专业的安保公司人员担当，内保则由工作人员便衣组成。卖场的现实问题是，一些商场超市的内保在防盗中保密性不强，如距离嫌疑人太近，目光过于直视，隐蔽性较差，因此要求内保人员在卖场内要注意以下三点。

（1）不要随意与工作人员打招呼（包括工作人员也不要与内保打招呼）以免惊醒嫌疑人。

（2）要隐蔽张贴防盗扣、磁卡等。

（3）要熟练使用各种电子商品防盗系统。此外，专业人员应积极主动与当地公安机关密切配合，加大卖场的防损力度，并将思想过硬、业务精通、事业心强的高素质人员充实到防损第一线。

（三）利用先进设备

当前市场上的商场超市防盗设备较多，选择适合本商场超市的防盗设备至关重要，较大的商场超市大都选择性能优良的先进电子商品防盗系统。当然在选用设备前，商场超市要对设备性能进行考察，反复比较、论证，从适应性、效果、质量、价格、售后服务等多方面权衡利弊后作出选择。性能差的 EAS 系统，常常发生"漏报"与"误报"，常给商场超市与顾客带来许多不必要的烦恼。先进的设备是那些以商场超市为作案对象的惯偷的天敌，而这一点正是商场超市的经营管理者所追求的。

（四）严格制度管理

防损工作是动态的，各个案例的差异性很大，所以，商场超市要在常规制度的基础上，适时地、有针对性地根据新情况及薄弱环节不断进行完善，充分体现"制度面前人人平等，制度大于上司"，凡事做到有法可依、执法必严，从而使防盗管理逐步达到规范化。

（五）加强巡逻检查

尽管目前对规范商场超市防盗缺乏有效的法规，但是商场超市只要在法律与公共道德范围内合理行使自主行为，依然可以有效地保护自身权益和避免侵权行为的发生。

自助行为手段不得违反法律和公共道德，商场超市经营者虽然有权进行自助行为，但并不意味着可以滥用权利。合理的自助行为必须符合法律规定与公共道德。在我国现行法律框架内，商家合理的自助行为仅限于暂时滞留盗窃嫌疑者，而无搜查、拘禁和罚款的权利。

应该给商场超市经营者的提示是：商场超市里贴有诸如"偷一罚十"、"本店保留有对盗窃者的搜身权"等告示牌，并没有法律效力。合理的自助行为发生后，必须提交警方处理，对于暂时滞留的盗窃嫌疑者，切忌擅自处理，因为无论该人员是否有盗窃行为，私自处罚嫌疑人，均构成侵权要素。由于商场超市自身的过失，误认为消费者偷窃而采取的自助行为，必须承担法律责任。

四、防止内盗

内盗是商场超市经营过程中非常严重的问题。这就要求经营管理人员努力解决好员工偷盗和欺诈问题，从而在防止员工偷盗造成损失的同时，还要充分发挥安全设施的作用，采取行之有效的防范措施，来预防偷窃、无效支票、收款中的欺诈，以及抢劫事件的发生，而其前提必须建立在员工积极配合和恪尽职守的基础上，否则，将无法得到理想的效果。无数事实证明，影响商场超市实现利润目标的障碍之一，或者说经营损耗的主要因素之一，是来自员工偷盗造成的损失。

经营管理者不仅要招募诚实可靠的员工，还要采取有效手段保持员工一贯的诚实作风。实现这两点看似简单，但若想保持其一贯性并非易事。因为要想保持员工诚实守信，还必须把一整套的措施、流程和技术作为经营管理的一部分，而且还要长期坚持贯彻执行，这样就需要花费大量的时间和不断强化管理能力。如果一个不诚实的员工已经十分熟悉所在的商场超市运营和管理系统的"漏洞"，那么这个员工就可能经常进行一些违规的操作，而又不用去担心被人发现。

（一）商场超市员工偷盗的动因

关于员工的偷盗行为，无外乎以下三个动因。

1. 金钱的诱惑

金钱和财富对每个人都具有强烈的诱惑力，渴望聚敛金钱和积累财富，已成为有些人奋斗的动力所在，通常意义上，财富也是衡量某些人成功与否的一个重要标准，但其前提必须是遵循"君子取财，取之有道"这一亘古不变的戒律。

对一家商场超市来说，大多数员工"取财"是完全凭借自己的劳动所得，可是，也确有一小部分员工不是那么循规蹈矩，不完全靠诚实劳动获取所需。

下面列举 5 种常见的情况加以分析。

（1）一位员工酷爱旅游，但是又没有钱去实现。

（2）某位员工因吸毒而入不敷出，经常寅吃卯粮。

（3）一位管理层经理嗜赌成性，每月总输掉大笔赌资。

（4）某百货部主管无结婚用房，而恋人又急不可待。

（5）有一位收银员的母亲终年患病，大笔医药费使其无力支付。

上述几种情况下，在金钱的问题上每个员工都需要做出各自的决定，但每个员工在考虑如何满足自己对金钱的需要时，会有很多因素在发生着作用，其中不少因素对他们采取怎样的行动将产生影响，诸如道德、价值观、自尊心等，当某些因素凝聚成犯罪支配力时，盗窃钱财、偷拿商品便自然成为他们选择的行为。所有商场超市经营管理者，都必经要注意此类情况。

2. 自我辩解

员工偷盗有着许多原因，其中自我辩解可以说是员工内盗的第二大因素。假设某个员工是惯偷的话，那么他就不会花费时间去进行精神上的自我辩解，但对于初犯来说情况将大不相同，他有可能在实施偷盗前要充分为自己辩解一番，这时，那些不存在或不真实的条件和原因将会被现实的东西取而代之，目的是使偷盗行为在心理上变得合乎情理或者情有可原，为付诸行动找根据和动力。

例如：

（1）有的员工将偷盗财物视为暂借；

（2）有的员工自认为比谁都努力，理应有相应的回报；

（3）有的员工认为店里的东西不拿白不拿；

（4）有的员工看到组长或店长也偶尔贪些小便宜，为什么自己不贪？

（5）有的员工厌倦了无偿的加班，试图为自己寻得等值的报酬。

尽管有上述种种心态，员工在实施偷盗时还是比较担心被抓的可能性和可能的处罚。因此，商场超市在日常经营管理中，应强化控制措施和防盗流程，防微杜渐，尽最大的努力去阻止偷盗行为的发生。

3. 经济压力

现实和思想的压力通常会促使员工做出偷盗的决定，其中个别员工甚至认为偷拿商场超市的财物是解决所需的唯一途径。因为有些员工发现，在他们所处的地位和环境条件下，通过正当的渠道根本无法解决他们面临的经济压力。

（二）商场超市员工偷窃的防范技巧

（1）装置电子监视系统。

（2）检查商品管理报表。主要有：商品订货簿、商品进货统计表、商品进货登记单、坏品及自用品统计表、商品调拨表、商品退货单、盘点统计表等。

（3）检查或跟踪诸如短款、长款、多退款、无效支票、假钞的来由。

（4）检查现金报表。主要有：现金日报表、现金损失报告表、现金投库表、营业状况统计表、换班报告表、营业销售日报表、营业销售月报表等。

（5）经常核对仓库配货、供应商送货的接收数量。

（6）为防员工监守自盗，必须制定处罚办法，并公布于众，严格执行。

（7）员工购物应严格规定时间、方法及商品出入手续。

（8）严格要求员工上下班时从规定的出入口出入，并自觉接受检查。

（9）定期检查对物情况、稽核钱箱、测试收银员操作的准确程度等。

（10）定期讨论管理制度和流程，鼓励员工对防盗、损耗和经营管理方面，提出自己的观点及合理化建议。

（三）卖场防止内盗的管理手段

目前，许多卖场都制定了各自的防止内盗的安全管理手段，并且取得了不同的效果。下面简单介绍几种比较典型的防内盗的安全对策，供商场超市保安部门借鉴。

1. 被动反应对策

这种方式一般为没有固定保安计划的卖场所采用，只有在发生较大损失后，才会采用相应的对策。这些较大的损失包括以下两种：

（1）某个特定的核算期内出现大量现金短缺；

（2）在若干时段内，高频率的损耗数据持续上升。

必须注意的是，这种管理手段通常是通过建立一个规章制度，要不就是在没有真正了解损失发生的原因的情况下，以辞退一名员工等方式来试图堵塞卖场保安的某些漏洞，这种消极的做法效果一般不好。因此，可以得出一个结论，采用这种"救火"的对策的卖场，实际上没有制定保安计划，没有保安计划，自然不能保障安全。

2. 采取物理手段对策

该对策的采用者，通常是使用闭路电视、报警系统、照相系统等各种保安仪器和设备，以确认客户支付情况，从而实现预防损失的目的。使用该对策者应做好以下几个方面的工作。

（1）最好是聘用一名有执法经验的人作为保安经理。

（2）尽量减轻员工对高度安全设施所营造的威慑气氛的心理压力。

（3）保安经理及其部门应了解各类商品零售方面的知识，尤其是应十分了解收银和前台的情况。

（4）在可能的情况下，多提供一些有关偷窃和违规行为的好案例，以警示员工。

（5）与执法机关建立一种良好的关系。

（6）做好对员工和保安经理及保安部门的培训。

（7）采用该对策的同时，一定要依靠广大员工的防范意识和控制偷窃的积极性，来共同达到减少损耗的目的。

3. 共同参与对策

这种对策的突出特点是，能够把物理对策中的许多积极因素和现代化的管理流程结合起来，高度依赖广大员工，共同分担防盗和控制损耗的责任。

（1）必须制定严格的保安原则和相应的培训计划，明确员工控制和防止偷盗、损耗所承担的责任。此处所提到的损耗，还包括一些非保安因素，如毁坏、变质、处理积压、货品供应和标价等。

（2）确定书面形式的保安制度与程序，包括防止、控制偷盗和损耗的具体步骤。

（3）拥有现代化的保安设备和使用这些设备的书面程序，包括如何正确使用报警系统、锁和钥匙的管理、正确使用钱箱等。

（4）有一个保证员工积极参与的规范化程序，以防止损耗、控制成本。该程序应包括以下三项内容。

① 培训员工使他们了解损耗数字的各个组成部分，如偷盗、不准确或无法辨认的标价，不准确或不诚实的收款录入，未经批准或未记录的降价，滥用或使用材料不记录，毁坏、变质以及不准确或不诚实的收货。

② 要请每个部门的经理和员工提出降低损耗的建议，并使之承担起遵守各项管理流程的责任，员工们的认同将有助于损耗的降低。

③ 要定期召开一次例会，向员工们通报他们努力的结果，以及下一

个阶段控制损耗的计划。

（5）制定保安计划，对所有的损耗控制手段应定期进行检查。

（6）拥有一个持续不断的信息沟通渠道，包括简报、报告、会议和个人接触等，以保证保安和损耗控制计划获得有效的支持，而且，这种共同参与保安和损耗控制的对策，在为避免损耗提供支持的同时，也消除了导致管理层与员工关系出现问题的各种障碍。

4. 加强内部员工管理

员工偷窃与顾客偷窃是有区别的。顾客偷窃往往是直接拿取商品而不结账，而员工偷窃则有多种表现形态。首先，要针对员工偷窃行为制定专门的处罚办法，并公布于众，严格执行。其次，严格要求员工上下班时从规定的通道出入，并自觉接受卖场保安人员的检查，员工所携带的皮包不得带入卖场或作业现场，应暂时存放在指定地点。最后，对员工在上下班期间购物情况要严格规定，禁止员工在上班时间去购物或预留商品。员工在休息时间所购商品应有发票和收银条，以备保安人员或验收人员检查。

5. 加强员工作业管理

虽然现在的大卖场都是现代化的管理设施，但它始终具备服务性行业的基本特征，即员工是企业的灵魂。因此，应加强对员工作业的管理，规范员工作业的流程，尽可能把员工在作业过程中造成的损耗降到最低。首先，由于大卖场经营的商品种类繁多，如果员工在工作中不认真负责或不细致，就可能造成商品条码标签贴错，新旧价格标签同时存在，或卖点广告与价格卡的价格不一致，商品促销结束后未及时恢复原价，以及不及时检查商品的有效期等，这样，使某些顾客可以以低价买走高价商品从而造成损耗，或者顾客买到超过保质期商品向消协投诉，不仅会在经济上造成损耗，而且对企业的形象也极为不利。因此，大卖场里各部门主管应给员工以明确的分工，每天开店之前把准备工作全部完成，如检查商品变价情况，并及时调换；检查卖点广告与价格卡是否相符；检查商品的保质期等，这样，才能在各方面减少损耗。其次，由于大卖场的特殊性，在经营过程中的零库存是不可能的，因此，仓库的重要性可想而知，所以，仓库管理的好与坏会直接影响到卖场的损耗。

另外，卖场营业过程中存在由于顾客不小心或商品堆放不合理，也会造成商品损坏或破包，各部门可以针对这种情况，在仓库里留出一小片地方作为退货商品堆放区，并由专门的员工负责退货和管理，把损耗降到最低。最后，大卖场的收银员作为现金作业的管理者，其行为不当也会造成很大的损耗。比如，收银员虚构退货、私吞现金，以及商品特价时期已过，但收银员仍以特价销售；收银员与顾客借着熟悉的关系，故意漏扫部分商品或私自输入较低价格抵充等。因此，要严明收银员的处罚条例，严格执行。收银主管要严格按程序组织并监督收银员交接班工作，要认真做好记录，以备日后查证。

6. 减少员工接近金钱和财物的机会

如果完全杜绝员工接近钱物的机会，任何一家卖场都做不到，否则，将意味着该卖场不是衰败就是无人售货。这里所说的是，有效的管理可以大大降低那些心存"窃意"的员工接近金钱和财物的机会，从而扼制内部偷盗行为，及其自我辩护的理由和动因。为此，在管理过程中应注重将防盗的方法、程序与卖场经营的良好运转有机地统一起来，而在控制员工内盗的机会方面，科学的管理比任何一种手段都能发挥作用。因为有效的防盗措施是由制度的程序构成的，它为防盗提供了一套系统的手段，从而大大降低了员工内盗的机会和动机。比如，员工在一系列手段的控制下，能够对损失的原因、解决的方法、现代化的防盗设施，以及日常管理中的所进行的审核等问题，有参与的机会并能提出自己的见解，从而使少数员工内盗的欲望，被全体员工的这种防盗意识所吓退。

（四）制定关于商场超市内盗的制度

一般大多数商场超市对其经营活动的很多方面，都制定了书面的制度和规定，这些制度用来指导管理者、监督人员履行各自职责，是保证商场超市按照决策层的要求正常运转而制定的流程和规定的基础。虽然大多数商场超市在诸多方面都有制度，如解聘、工资、休假、采购、退休等，却极少有对员工偷盗问题制定管理办法。

1. 在制定员工防偷盗方面的制度时应遵循的原则

（1）说明全体员工应该采取的行为。

（2）明确表示希望员工在处理公司钱物时要保持诚实。

（3）希望员工之间的交往和关系能保持诚实。

（4）希望员工与顾客、供货商之间的交往和关系能保持诚实。

（5）说明将出台配套的具体规定和程序，以保护员工、顾客及财产。

（6）强调员工和相关群体能够遵守该制度和流程。

2. 关于所制定偷盗制度的执行办法

（1）将制度形成书面文件。

（2）在公开制度之前，请部分员工代表讨论，尽量在讨论通过后立即生效。

（3）召开全体员工大会，传达这个文件。

（4）将此文件作为商场超市经营政策、基础培训教材、人力资源手册、员工手册的一部分。

（5）每位员工都能得到一份复印件，并在上面签字，然后把签字的复印件收集起来。

（6）对新员工要与其讨论，保证使之确切了解该文件的含义，然后将他们签字后的复印件存入其个人档案。

（7）要经常与员工一起重新温习一下制度规定。

（8）向所有从事直接配送的供应商，以及为仓库供应商品者发送一份复印件。需要注意的是，有一些商场超市之所以内盗事件频繁出现，收其中与制定了制度而没能认真执行不无关系。

（五）供应商促销员盗窃行为的防范

商场超市损耗主要来源于外盗、内盗、商品损耗、供应商欺诈和盘点错误等几个方面。其中内盗占非常大的比例，而在内盗中又以收银员和促销员的盗窃较为普遍，以下简述促销员内盗行为的防范。

为何促销员的内盗行为要多于正式员工呢？一家 300～500 名正式员工的大型卖场中，促销员将多达 500 人，如此庞大的群体，在招聘审核、入职培训等方面很难兼顾。

1. 招聘促销员可能存在的隐患

（1）促销员对企业文化的认同感较差。

（2）促销员大多为兼职，人员稳定性差。

（3）促销员经常受到正式员工的排挤，让他们做促销以外的事情，如理货盘点等，所以对企业的满意度不高。

（4）促销员入职后缺乏培训，特别是缺少诚信方面的教育。

（5）很多促销员管理的商品是联营商品，不是商场的库存，不被重视。

2. 促销员常见的内盗手法

（1）直接偷窃本专柜的联营商品，因为他们可以只赔偿成本价或五折的售价，而他们出售了赃物还可以赚取中间的差价。这种现象，在联营服装促销员中较为普遍。

（2）联营商品促销直接和顾客进行场外交易，以逃避商场扣点。这种现象在年货食品短期促销员和百货公司品牌服装促销员中较为普遍。

（3）如果联营商品的特价编码没有清除，促销员在销售开单时，以特价编码出售，这样可以减少商场扣点。这种现象在服装促销员中较为普遍。

（4）促销员预先大量购买商场储值卡以获取折扣，在顾客用现金结账时，用个人储值卡替代结账，以达到套取现金的目的。这种现象在家电零售商的促销员中较为普遍。

（5）百货服装促销员钻促销活动的漏洞，如在买 100 送 50 的活动中，如果顾客购买的商品是 150 元，促销员可以分两次开单，先开 100 元获取 50 元赠券，再用来冲抵其余款项。或者顾客购买的商品只有 199 元，促销员会在开单时加上 1 元，来多获取赠券。这样都损害了商场的利润。

（6）促销员为个人的积分卡积分。

（7）贵重的专柜联营商品（如数码产品），促销员偷窃商品后，伪造交接班记录，向商场报失，把责任转嫁给商场。

（8）促销员利用联营商品的购物小票，去服务台空退货侵占现金，因为不是商场库存，所以无人核对实物。

（9）促销员把商品当赠品进行买一送一。

（10）促销员利用给顾客送货的机会夹带商品外出。

（11）食品促销员偷吃偷喝。

以上作弊的手法都发生过真实的案例，而且作弊手法不断翻新，令人防不胜防。因此，我们要高度重视这些问题。

3. 防止促销员盗窃的建议

① 和供应商签订促销协议时，增加对促销员偷窃行为处罚的约束条款。

② 促销员和正式员工一样，实行考勤卡管理，上下班进出经过员工通道。

③ 促销员入职后接受诚信文化教育。

④ 公平对待促销员，让他们有企业归属感。

⑤ 让促销员参与门店的服务或防盗奖励计划。

⑥ 企业内部建立不诚信员工黑名单，招聘前严格审查，防止招入不良人员。

⑦ 另外，对以上常见的作弊手法，要加强在流程方面的控制。

五、防止外盗

偷窃行为在卖场是最容易发生的一种损失，监督偷窃顾客，人人有责，尤其是门市的职员应首当其冲。若仔细观察，偷窃人的行为与面孔往往较为特殊。在门市管理应以没有偷窃的事情发生为上策，所以必须事前防范。探索卖场防盗之道，首先要从分析偷盗形形色色的表现形式入手，针对各种偷盗行为的特征，有策略、有针对性地解决问题。

当我们碰到下列几类顾客时，应特别加以注意，且刻意迎向他身边，表示已在意他了。

（一）偷窃者的特点

1. 穿着奇装异服者

穿着或是手里抱着与季节不符的衣服，如夏天抱着外套、大衣、大夹克，或身着特别宽松的衣服，且时常在陈列商品的四周或暗处、视线死角地方选购商品。

2. 眼睛视线留意四周者

此种顾客会很留意是否有人跟踪。与职员视线相触时，会将视线转移他处，并佯装在拿取商品，未达到偷窃目的之前，会在门市四周晃来晃去。

3. 手拿大袋子者

袋子为偷窃最好的工具，若发现顾客漫无目的地在卖场选来选去时，就必须加以注意。

4. 结群入店且行为怪异者

几个人结队入店，散开于卖场四周后，其中有一人或两人向店员东问西问，制造其他人的偷窃机会。

5. 手拿书报杂志者

此类顾客会在门市不停走动，等待机会，若遇到门市职员，则佯装看书报。

（二）卖场外盗的表现方式

1. 团伙作案

通过团伙之间的配合，偷盗商品，此方式尤其在大型卖场发生居多，而且已不仅限于卖场内部，顾客停放在卖场外面的车辆也已经成为偷盗团伙的目标。

2. 顺手牵羊

现在的卖场面积都比较大，开架销售虽然方便了顾客选购商品，但是也滋生了部分顾客顺手牵羊的毛病，见利忘义，认为无人监管，存在侥幸心理而做出不该做的事。

3. 偷梁换柱

更换商品的包装，以低价商品标签代替高价商品标签，或干脆撕毁标签、拔掉磁钉，不用交款而带出卖场。

4. 掩人耳目

利用衣服、提包藏匿商品，或在大包装商品里藏匿小包装商品。

5. 就地解决

在卖场里吃东西的现象已经屡见不鲜，趁人不备，将商品据为己有。

（三）卖场防止盗窃的措施

对卖场管理者来说，不可能去阻止他人产生偷盗的动机，也不可能减少顾客接触商品的机会，只有将作案时被抓的风险增大，才能抑制其偷盗的欲望，降低偷盗案件的发生概率。

1. 利用高科技手段

安装和设置保护性装置及系统，以防止顾客偷窃商品行为的发生。国内外大型零售商大量采用的现代化防损措施包括电子商品防盗、闭路电视监控系统等。事实证明，在客流量正常的时候，防盗系统能够起到很好的预防作用，然而，当人流稠密时，防盗系统就无法起到很好的预防作用了，需要更多的人力配合才能发挥作用。

2. 对员工进行防盗培训

首先，力求平和地解决问题。这样既可以和平地把问题化解，而且有时顾客并非有真正的偷盗行为，委婉地解决可以避免误会的发生。

其次，学会应对突发事件。现在有许多团伙作案的情况，由一人制造混乱，其他人趁乱取利，实施偷盗活动。如果是故意制造混乱，员工应有能力快速平息混乱局面，并格外注意其他顾客的行为，避免有人浑水摸鱼。所以店铺员工应该有辨别混乱真实性的能力，能够分辨出什么情况是真正的混乱，什么情况是有人故意制造混乱。

最后，熟练应用电子防盗系统，做到24小时有人监控，在营业及非营业时间都有专人负责，一旦发生意外情况，能够采取有效措施避免损失进一步扩大。

3. 防止内外勾结

招聘员工时要注重员工素质与忠诚度的考察，在工作中定期对员工进行考核，定职定责，发生商品损耗后，能够及时查出原因，并能够追究相关人员的责任。因为某些顾客盗窃的案例是直接与内部员工有关的，比如，顾客与收银员串通，未结账就把商品带出卖场；顾客与巡检员工串通，将商品条码消磁，私带出卖场等。

4. 保证卖场秩序、防止趁乱作案

客流量大、卖场秩序混乱，为顾客的小动作提供了很好的屏障，所以容易发生偷盗行为。在新店开张或促销、节假日期间，顾客众多，拥挤不堪，如果此时管理人员监管不力，发生偷盗事件的概率就会大幅增加。

5. 商品摆放整齐、及时清点商品

如果商品摆放凌乱，则不利于员工清点，所以一旦发生丢失情况不容易及时发现。理货人员应该整齐地摆放商品，如果有商品卖出或丢失，能够及时地发现，有利于清点和补充。

6. 注意观察顾客神色

如果发现没有目的地来回走动而不拿商品，或不停地拿了东西再放回去；东张西望，观察周围的动静；长时间停留在隐蔽的角落等，这需要店铺管理人员高度注意，因为心怀不轨的顾客一般都会神色异样。万一发现可疑的迹象，则要密切跟踪，以防顾客的偷盗行为得逞。

7. 留意易盗商品

根据美国零售业保安情况调查报告，失窃率高的商品依次为：图书杂志 4.12%、小商品 2.67%、音像制品 2.19%、小家电类 2.05%、服装 1.196%等，从中可看出，经常被盗的商品多为体积小、价值高，而且易于隐藏携带的物品，所以，卖场管理人员应在这些易盗商品上多加留意，加强防盗措施。

（四）针对顾客偷窃事件的防范及处理技巧

1. 顾客偷窃事件的防范

① 注意由入口处出去的顾客。

② 顾客携带小型背包或店内的包装袋入内购物时，应留意其购买行为。

③ 加强卖场巡视，尤其要留意死角和人多聚集处。

④ 禁止顾客携带大型背包或手提袋入内，请其存放于服务台。

⑤ 顾客边走边吃卖场的食品时，应委婉口头提醒，请其至收银台结账。

⑥ 有团体客人结伴入店时，应随时注意，遇有可疑情况，应立即主动上前服务。

⑦ 条码纸要妥善保管，以免给人有可乘之机。

2. 顾客偷窃事件的处理技巧

（1）在认定偷窃之前，给予顾客有表示购买的机会。具体的办法是对隐藏商品的顾客说"你要××商品吗"、"让我替你包装商品"等，提醒顾客购买。

（2）如果提醒之后，顾客仍无购买的意思，则要以平静的声音说："对不起，有些事情想请教您，请跟我来"，再将其带入办公室，并做适当的处理。

（3）在处理偷窃事件时，不要把顾客当作窃贼，讲话要冷静自然，尽可能引导其购买，不要以调查的态度对待顾客。

（4）如果误会了顾客，应向顾客郑重地表示道歉，并详细说明错误发生的经过，希望能获得顾客的谅解，必要时应亲自到顾客家中致歉。

（五）针对供应商偷盗的防范

1. 供应商偷盗的手段

（1）利用收货员的疏忽，趁机偷窃商场的商品。

（2）由供应商派驻卖场的促销人员偷盗。

（3）将已经收货完毕的商品，重新按未收货点数。

（4）利用收货时在商品的数量或重量上进行作弊。

（5）私自丢弃应属于退货的生鲜食品等。

2. 供应商偷盗的防范

保安人员应严格对供应商的进出进行控管，对进出携带物品进行检查核实。

（1）不允许供应商人员进入仓库。

（2）建立严格的管理制度。

（3）由收货人员进行全过程的收货操作。

（4）将已经收货与未收货的商品，必须按区域严格分开。

（5）由楼面操作人员同收货人员共同配合，做好每日生鲜食品的退换货工作。

（六）针对偷盗的具体措施

接近偷盗者时的首要任务，要设法让其平静地跟随经理指派的专人到指定地区去，当然，在确定为偷盗者之前，应该由经理主动介绍自己的身份，并简单地表明想与偷盗者谈一谈他所拿商品或与商品有关的私事。

偷盗者被捉拿时，一般会发生两种情况：一种是安静地跟着卖场员工走；另一种则是进行反抗、逃跑，甚至对面前的人动武。

捉拿偷盗者时，商场经理或指派的人员身边应该有一个友善的证人伴随。此时，证人应以肯定性的、履行公务性的方式抓捕偷盗者，如果不这样做，可能导致反抗发生。假若偷盗者很明显地受到醉酒的影响，抓捕人员则应有所防备。假设偷盗者对抓捕者使用暴力，则应在接近偷盗者之前报警，从而避免发生对抗，但如果偷盗者伤害或威胁到抓捕者，应立即召请警察。当偷盗者袭击或殴打抓捕者时，被袭击者有权反制，进行合法自卫。

（七）对偷窃者的处理技巧

面对顾客偷窃时，对其揭发时机、揭发方式及处理过程，均必须加以注意，若自己处理不当，可能惹上官司。因此要确认是否为偷窃行为，一定要人赃俱获，若是不确定的话，先设法转告同事或主管及保全人员，再加以注意并监视。

1. 掌握揭发时机

在下列三种状况下，我们可以将顾客揭发。

（1）商品未付账，却走出大门，可以在门口揭发。

（2）顾客将商品放入自己袋内或藏在身内，且经过收银台未取出付账，此种状况应立即揭发。

（3）顾客在卖场将衣服直接穿上，且经过收银台未付账，此种状况也可立即揭发。

2. 掌握揭发方式

在确认顾客已构成偷窃行为时，我们的揭发方式一般是采取善意的，让顾客有重新报账的机会，因此先暗示对方将商品拿出来结账，如"欢迎光临，还有什么未结账的吗？"或"还有哪些需要帮忙包装吗？"若顾客不将商品取下来结账，则门市管理人员应说："欢迎光临，您刚才买的东西算错了，请您让我们核对一下"或"请您到这边来一下"。偷窃行为较重者，应立即带到办公室，若顾客不听劝解，而想快速离开，此时就应拦住他，并且说："对不起，我们有事请教您，请到这边来一下。"然后带顾客到办公室内，并立即通知本公司的重要管理人员或保全人员会同处理。

有偷窃行为的顾客，被带到指定地方后，处理人员应以祥和的口吻说："依据刚才某一职员视察，您身上有些商品未报账，我们为证实您的商品均已报账，请将您身上或袋子内的商品让我们核对一次，对不起，请您帮忙。"经清查以后，已确认其偷窃，应请偷窃者认错，并给予写"悔过书"（图7-1）及"和解书"（图7-2），若态度恶劣、拒绝和解者，必须考虑送警处理。

3. 处理原则

在处理偷窃者的过程中，必须把握下列重点原则。

（1）若为未满18岁的未成年人，则通知法定监护人前来处理。

悔 过 书

我是×××，于××××年××月××日××时××分，因一时冲动偷窃××××公司的××××商品，其门市价值共计人民币××××元，经管理人员×××查核属实，本人已知错不再犯，并请贵公司原谅。

立书人姓名：

身份证号码：

地址：

电话：

手印：

图 7-1 "悔过书"样式

和 解 书

本人×××(简称甲方)，于××××年××月××日××时××分，因一时冲动，偷窃××公司(简称乙方)的××××商品，造成乙方损失，并取得乙方的谅解，本人愿意赔偿人民币××元，以弥补乙方的损失。今本人因金钱不足以赔偿乙方损失，将保证于××年××月××日××时以现金××元交付乙方，否则愿意接受乙方依法律途径解决。

立书人姓名：

身份证号码：

地址：

电话：

乙方：

乙方代表人：

××××年××月××日

图 7-2 "和解书"样式

（2）与未成年人签立和解书时，必须有法定监护人共同签立。

（3）不能限制偷窃者的自由，也不能扣留其证件、物品。

（4）要求其赔偿，只能赔偿所偷窃商品的门市价值。

（5）对于"悔过书"、"和解书"上的姓名、电话、地址，可以核对证件或以电话查证。

（6）处理和解事件时，应在办公室公开的场所。

（7）偷窃已成事实，应请店铺内部高级主管或专责部门（如保全人员）处理。

（8）在处理偷窃事件时，应寻求其他同事的帮助。

（9）若有两人以上偷窃时，应听从商场超市领导的指挥，由多人配合协助处理。

（10）避免在营业场所进行处理，以免影响门市营业及形象。

（11）盗窃为公诉罪，一经向警察机关报案，即使双方已进行民事和解，窃盗者也会被送法办。

（12）在处理和解时，应让对方知悉是一种优惠措施，若其不知珍惜，则移送法办，偷窃者付出的代价将更高。

在人赃俱获时，管理人员可以依据偷窃者民事赔偿条款处理；若偷窃者付款后，管理人员无权扣留所偷窃的商品。偷窃者付款后也应该给予统一发票，否则会被认为有逃漏税的嫌疑。

在处理涉嫌偷窃行为过程中，若有错误的判断，或顾客偷窃手法高明，揭发后找不到证据，顾客大部分会相当生气或要求店铺领导来解释、赔偿，此种现象是一般人的正常反应，相关处理人员必须立即道歉，给予相当详细的解释，并转移顾客的注意力；若顾客还是不谅解，店铺内部人员应立即给予协助，从旁安抚，待其怒气稍消后，再设法转移话题；若顾客要求赔偿或书面道歉，应设法回避其话题，然后找更高层次的主管来处理。

在"顾客至上"的服务业，对于偷窃的处理，宁可防范，也希望不要发生，若真发现顾客有嫌疑时，也必须相当小心，宁可错放一百，不可抓错一个，这也是确保商场超市形象及安全的方法之一。

六、防盗装备

（一）卖场的对讲机

携带对讲机应确保随叫随答，接收信息传递必须快速、准确，言辞清晰、简单扼要，说话时应与对讲机保持约 10cm 的距离，同时应按对讲机上的相应按键进行对话。如对讲机讲话时间超过 10 秒或不便于在对讲机内交谈的内容（如涉及具体业务、顾客投诉、储值卡、打折等事宜）时，应拨打就近电话或说"请到××位置"。

有以下情况可优先使用对讲机。

（1）级别优先。在使用对讲机时，职务高的有优先使用权。

（2）紧急情况优先。如果出现火警、盗警、汛情及其他紧急情况，有优先使用权。

（3）特殊情况优先。如商场超市组织大型活动，接待重要人物参观，正在进行设备调试等特殊情况时有优先使用权。

除以上情况外，他人使用时，在3秒之内不允许插话。呼叫及应答时间间隔不允许超过5秒；如商场超市发生紧急情况，呼叫及回答必须立刻完成。对讲机一般只限在商场超市范围及商场超市指定的防损员宿舍使用，如果特殊情况携带外出，必须经分店副经理以上人员批准。对讲机每年应根据当地无线电管理委员会有关管理规定进行年审。

对讲机用语：使用对讲机呼叫他人时，应先表明自己身份（或代号），通话结束应讲"完毕"。

（1）正常称呼。防损部内部呼叫使用呼叫代号，其他部门及人员呼叫使用职务或直呼其名。例如呼叫为："×经理，××呼叫，收到请回答"，答应为："收到，请讲"。

（2）不在商场范围的回答。"我在外面，稍后再联系"。

（3）在洗手间时的回答。"不便回答，稍后再联系"。

（4）如遇紧急情况，应请对方速到指定位置。

（二）卖场的电子防盗设备

（1）防盗门应保持连续通电工作，严禁随意断电。如因特殊原因断电后，必须间隔5分钟后再开启。

（2）防盗门周围0.5m不能有金属物品或装有防盗标签的商品。

（3）软标签粘贴时应尽量保证软标签的平整，禁止折叠。

（4）金属商品或带有铝铂纸的商品不能使用软标签。

（5）对于一部分为金属，另一部分为其他材料的，应把软标签贴在其他材料上面。

（6）营业前收银员应检查消磁板电源是否插好，硬标签放在上面发出响声时即为正常。

（7）营业前行政人员应检查防盗门的电源是否插好，软标签通过时是否能正常报警。

（8）收银员收银时，应首先用扫描器阅读商品条码，确认商品信息进入电脑后，再把商品放在消磁板上。高度不超过 10cm 的商品直接放在消磁板上即可消磁，高度超过 10cm 的商品应该将商品放在消磁板上反转商品，以确保商品已经消磁。

（三）卖场的门和钥匙

首先，入口处的门必须牢牢嵌入门框内。尤其在门锁处，要做到严丝合缝，防止盗窃者利用专用的工具将门撬开。其次，紧急出口和运送货物的大门应使用钢制材料，门外有钢制护栏。

除顾客出入的门外，墙上的任何窗户不应能钻入人的身体，窗上的玻璃应有较强的抗碎性。

入口处里面的一道门在关上时，上面的合页应该是隐蔽的，以防合页上的螺钉被人旋动。同时，也要防止合页上的栓被人旋动。

1. 防止意外应采取下面的措施

（1）将分页闩焊在合页内。

（2）拧掉合页两侧相对应的两枚螺钉，将一个钢闩拧入门侧框，留半尺在外部，锯掉钢闩头，在门一侧的相应部门位钻一个孔；另一个合页也如法炮制。这样，即使当门关上而合页闩被抽掉时，钢闩也可以起保护门的作用。

（3）在合页和合页栓的内侧钻一个洞，用固定的螺钉将合页闩连接，这些螺钉可以防止门被关上时，合页闩被抽掉。为了防止门被撬，最好是在门上或其侧面贴上金属层。

2. 选择门锁应考虑的安全因素

门锁在卖场的安全中起着举足轻重的作用，然而，它却又是盗贼经常袭击的薄弱环节。因此，在选择门锁时需考虑如下因素。

（1）长金属片门闩使用在双重旋转门或铝制门上，比短金片门闩要安全可靠得多。

（2）紧急出口的门不宜使用针式柱状锁，使用在附门上尚可。因为该锁有 3～7 个栓，锁内的栓越多就越难以撬开，对防盗有益，却不利于防火。

（3）坚固的盒式门闩应与高质量的针式柱状锁配套使用，以防盗窃者撬开门。

（4）卖场主要出口处的门，以及不作为紧急出口的门，应该使用双重柱状门闩锁，最为安全可靠。因为在门的任一侧开门，都可以将门打开，但在紧急撤离地区，严禁使用该锁。

（5）单体柱状锁需要从外侧开启。在里面转动螺母就可以不用钥匙将门从内侧打开。如果门上没有窗户或门锁附近没有窗户，使用这类门锁是相当安全可靠的，该锁对保护卖场内的办公室非常有效。当门外侧有空白金属片时，单体柱状锁只能从内部打开；向外侧打开的，不作为紧急出口的遥控门，经常采用这种方式。

（6）挂锁通常用在储藏香烟、胶卷和其他小物品的仓库门，也可用于紧密的承重门、顶棚开口处，以及其他管理者希望限制有权进入的地点。

3. 选择挂锁应考虑的因素

（1）选择和使用带坚固外壳的挂锁，以抵御盗贼用专用工具破坏。

（2）拿掉挂锁下方的"钥匙转换号码"，防止钥匙非法复制。

（3）大量使用挂锁，应要求锁匠把挂锁用连续的号码作记号。在档案中对挂锁的号码和位置进行记录。

（4）门打开后一定要把锁锁在搭扣上，或购买安装在墙上或其他表面上带防盗链的挂锁。

4. 对钥匙的管理手段

（1）"不得复制"的字样贴在所有的钥匙上。

（2）将所有复制的钥匙保存在保险柜或带锁的柜中。

（3）不得在复制的钥匙上注明如"百货库房"的字样，尽量使用代码标注。

（4）定期更换一次卖场外部大门的钥匙。

（5）钥匙被持有者丢失，或持有者因各种原因离店或被解雇，都必须重新配置钥匙。

（6）禁止钥匙持有者将钥匙借给其他员工。

（7）对发放钥匙人的姓名备案，并记录钥匙和种类（如前门、电脑中心等）及发放日期，并要求员工收到钥匙后签名。

（8）防止用一把钥匙开所有的门。

（9）使用可转换锁芯即暗码的锁定系统：可以让使用者改变任何一把锁的暗码，也就是说，使用者用控制钥匙取出旧锁芯，并插入带有不同密码的新锁芯即可。对于拥有多个店铺的卖场，使用该系统是一种既经济，又方便可靠的办法。

（四）卖场屋顶或墙壁开口

卖场的屋顶开口、空调口、通风口、天窗或墙壁上的打开部位，是盗贼可能袭击的目标。因此，必须将这些开口用钢条或金属板加以覆盖，并与警报器连接。

保护屋顶或墙壁开口的措施有如下几点。

（1）在开口处覆盖厚金属板，其外部必须无合页、门闩或锁等。

（2）在内部用高质量的挂锁将开口处锁闭。

（3）使用圆头可转动的螺栓和单向安全螺钉，以防窃贼从外部进入。

（五）卖场的外部窗户

卖场的前窗所选用的玻璃材料不同，其抗拒一般性破坏的强度也不同，但是对于侧窗和后窗，就不能选用玻璃材料了，因为盗贼在通常情况下，是不可能狂妄至极地由前窗而入的，相比而言，侧窗和后窗便成了首选目标。一般来讲，没有必要留有这个隐患。当然，为了自然采光及其他原因而保留窗户，则要用钢丝网或金属板加以防护。使用金属板保护时，应将其焊接在一个铁窗上，用牢固的螺钉或螺栓将钢框及金属板固定到外部墙壁上。如果采用钢条，则应拼凑并焊接成一个任意图案的钢框，也按上面的方法固定。

七、防盗管理及处罚规定

【例】某商场（卖场）的防盗管理及处罚规定

一、防盗工作日常管理规定

第一条　商场（卖场）经常对员工进行法制教育，加强员工的法制意识。

第二条　制定各种具体的安全防范措施，加强日常管理，不给犯罪分子可乘之机。具体规定如下。

（1）办公室钥匙管理规定。

（2）收银管理规定。

（3）会客制度。

（4）财物安全管理规定。

（5）货仓管理规定。

（6）更衣室安全管理规定。

（7）员工宿舍管理规定。

第三条　在商场（卖场）易发生盗窃案件的位置，装置监控器、防盗报警器等安全防范设备。

第四条　做好员工的思想品德考察工作，以保证员工队伍的纯洁。如果发现有不适合的人员，则按有关规定进行调换或辞退。

第五条　保安部人员要加强日常巡查工作，如果发现可疑的人和事，则要及时报告。

第六条　为防盗工作的正常管理特制定本规定。本规定经总经理室核实后开始执行，修改时也同。

二、防员工偷盗规定

第一条　员工偷窃的主要行为如下。

（1）直接偷窃商场（卖场）的商品、赠品、用品。

（2）直接偷窃商场（卖场）同事的私人财物。

（3）未按有关程序而故意丢弃商场（卖场）的商品，以逃避责任。

（4）员工与员工或外人进行勾结，策划、协助进行盗窃或"一条龙"的盗窃活动。

（5）偷吃商场（卖场）的商品或未经许可试吃。

（6）利用改换标签或包装，将贵重的商品以便宜的商品价格结账。

（7）未经过正常程序，故意将价格标低，使自己的朋友、亲友受惠。

（8）未按商场（卖场）的程序，私自将商场（卖场）的文具、工具、用具拿来自己用。

（9）未经过许可，私自使用或拥有供应商提供的赠品。

（10）贪污公款、携款潜逃。

（11）收银员从收银机中盗窃钱款。

（12）收银员对亲属、朋友等少结账或不结账。

（13）收银员利用其他手段从收银机中盗窃钱款。

（14）客服人员利用退货、换货等手段盗窃商场（卖场）钱款。

（15）员工接受供应商的回扣、礼品、招待、用餐、消费及旅行等各种形式的馈赠等。

第二条　内部偷盗的手段如下。

（1）利用衣服、提包藏匿商品达到偷窃的目的。

（2）更换商品包装达到偷窃的目的。

（3）调换商品的条码或将商品变成赠品进行偷窃。

（4）在工作时间内，在隐蔽的角落，如仓库、操作间等地方偷吃东西。

（5）往垃圾桶中偷偷地丢弃商品。

（6）员工使用的文具没有自用品标签或属于赠品。

（7）收银员直接从收银机中偷钱款。

第三条　内部偷盗的防范。

1. 员工的预防教育

（1）商场（卖场）制定严格的管理制度，建立严密的监视系统。

（2）商场（卖场）对偷盗制定严厉打击的措施和处罚方法。

（3）员工应具备最基本的职业道德规范。

（4）使员工明白偷窃将给个人带来严重的后果，包括承担刑事责任。

2. 内部举报制度

（1）内部举报必须是实名举报。商场（卖场）不接受匿名举报，但对举报者的姓名、内容予以保密。

（2）设立举报电话、员工信箱，接受内部员工的举报。

（3）举报的查证由安全部进行，在规定的时间内完成。

（4）举报经查证属实者，根据举报案例所挽回的经济损失，对举报者给予一定的经济奖励。

3. 内部安全调查

（1）员工背大包上下班。

（2）员工在工作时间内未从员工通道进出。

（3）员工在操作间、洗手间、电梯间吃东西，附近无管理人员在现场。

（4）在夜间作业的员工的场所发现较多的商品空包装。

（5）员工表情过于紧张或异样。

（6）员工与某顾客熟悉，并亲自为其挑选商品。

（7）员工特意为某顾客到仓库取商品。

（8）员工在仓库对原包装商品进行更换包装。

（9）员工购买大包装商品。

（10）贵重商品的销售与电脑库存不能一一对应。

（11）家电的提货与收银小票的商品品名不符。

（12）员工特意在某收银机付款结账。

（13）收银员擅自离开岗位或未到下班时间中途下班。

（14）收银员执意要求上某一台收银机。

（15）收银员经常有小差额的收银差异。

（16）收银员为其亲属、朋友结账。

（17）收银员违反收银程序，如不扫描但进行商品消磁或跳扫描。

（18）收银员某一时间段有过多的作废或删除品项。

（19）收银员有大金额的收银短账行为等。

4. 严格管理/检查体制

（1）严格特殊标签的管理程序。

（2）严格降价的执行程序。

（3）严格赠品的管理与发放程序。

（4）严格家电提货的检查和库存登记程序。

（5）严格贵重物品的收货及台账程序。

（6）严格收银的退换货程序。

（7）严格现金的提取程序。

（8）严格各种人员、商品进出的管理程序。

（9）严格试吃程序。

（10）严格夜班作业的开关门程序。

（11）严格员工的购物程序。

（12）仓库管理有序、整洁。

（13）严格垃圾的处理程序。

第四条　内盗的处罚规定。

（1）内盗的赔偿与解雇

① 所有内盗的人员，无论其盗窃的金额是多少，商品是多么小，经查实，一律予以立即解聘。

② 商场（卖场）有权利通过合法途径追回被盗的商品或要求赔偿相应的金额。

（2）内盗的司法处理。根据其盗窃行为情节的严重程度和金额多少，确定是否移交司法机关处理。

（3）内盗事件的曝光

① 所有内盗事件的曝光，不得公开盗窃者的私人资料。

② 内盗事件的曝光只能在本商场（卖场）范围内进行，不得在公共媒体上进行。

三、防顾客偷盗规定

第一条　顾客偷盗的主要行为如下。

（1）利用衣服、提包等藏匿商品，不付账带出卖场。

（2）更换商品包装，用低价购买高价的商品。

（3）在大包装商品中，藏匿其他小包装的商品。

（4）未付账白吃卖场中的商品。

（5）撕废商品的标签或更换标签，达到少付款的目的。

（6）与店员相互勾结，进行盗窃活动。

（7）盗窃团伙的集体盗窃活动。

第二条　顾客偷盗的手段如下。

（1）不买任何商品，利用衣服、提包藏匿进行盗窃。

（2）买少量商品，利用衣服、提包藏匿进行盗窃。

（3）更换包装、标签等进行盗窃。

（4）利用大包装商品夹带、盗窃小包装的昂贵商品。

（5）组成盗窃团伙，协同进行盗窃活动。

第三条　顾客偷盗的防范措施如下。

（1）便衣保安人员。便衣保安人员应密切注意顾客的下列行为或事项。

① 购买的商品明显不符合顾客的身份或经济实力。

② 购买商品时，不进行挑选，大量盲目地选购商品。

③ 在商店开场或闭场时，频繁光顾贵重商品区域。

④ 在卖场中走动，不停地东张西望或频繁到比较隐蔽的角落。

⑤ 拆商品的标签，往大包装的商品中放商品；撕掉防盗标签或破坏商签。

⑥ 往身上、衣兜、提包中放商品。

⑦ 几个人同时聚集在贵重商品柜台前，向同一售卖员要求购买商品。

⑧ 顾客表情紧张、慌张、异样等。

（2）卖场的防盗系统

① 卖场的防盗安全门系统。

② 卖场的监视系统。

③ 卖场张贴的各种警示标语。

④ 卖场商品采取的安全标签。

⑤ 卖场的广播等。

（3）员工防盗意识的教育

① 当发现可疑的顾客时，员工应微笑地向着顾客走去，进行整理商品、清洁或补货等；或主动同他打招呼，引起注意，从而制止犯罪。

② 当员工发现顾客已经有盗窃的种种迹象时，要不动声色地跟踪，并立即通过电话、对讲机或其他同事，报告安全部，等待保安人员来处理，此时绝不能当面质疑顾客。

第四条　对顾客偷盗的处罚。

（1）和解方式。对于盗窃情节轻、金额少或未成年人盗窃者，一般给予严厉的教育和警告，并记录在档，一般采取等价买回偷窃商品等方法进行处理。

① 对偷窃商品400元以上的人员，可送公安机关，卖场需开具商品零售价证明，并盖财务专用章。另外，当事人、赃物、证人、谈话记录要齐全。

② 偷窃商品 400 元以下人员的处理方法。

第一，做谈话记录一份。

第二，做等价购买。

第三，当事人到原单位开具个人表现证明，无单位者到住址所属地区的街道办事处开具个人表现证明。

③ 对 14 岁以下（含 14 岁）人员，应批评教育，责令其写出书面检查，并通知其监护人或学校来人将其带回。

（2）司法方式。对盗窃情节严重、金额大，或多次来本卖场的惯偷，或属于团伙盗窃的，或认错态度不好的，可以送交司法机关处理。

（3）不宜采取的方式。对偷盗者，卖场不能公开其照片、姓名等个人资料，或实施殴打、当众出丑等违反法律的行为。

四、防供应商偷盗规定

第一条　供应商偷盗的主要行为如下。

（1）将已经收货完毕的商品，重新按未收货点数。

（2）利用收货员的疏忽，趁机偷窃商场的商品。

（3）在收货员称重时，有作弊行为。

（4）私自丢弃应属于退货的生鲜食品等。

第二条　供应商偷盗的手段如下。

第三条　对供应商偷盗的防范。

（1）保安人员的检查

① 保安人员严格对供应商的进出进行控管，对进出携带物品进行检查核实。

② 不允许供应商人员进入仓库。

（2）建立严格的管理制度

① 由收货人员进行全过程的收货操作。

② 将已经收货与未收货的商品按区域严格分开。

③ 由楼面操作人员同收货人员共同配合，做好每日生鲜食品的退换货工作。

第四条　对供应商偷盗的处罚。

（1）供应商罚款或赔偿

① 对已经造成的损失进行赔偿。

② 对其行为进行罚款处理。

③ 对因此而中断合作关系所造成的预计损失进行赔偿。

（2）中断合作关系

五、防盗条码的使用规定

第一条　店内的所有条码统一由防损部管理。硬条码由所属使用商品的管理部门，统一到防损部申请领用，并在防损部指导下使用；所有软条码统一由防损部领用和粘贴，其他部门不得私自领取和擅自使用。

第二条　新品及易丢失商品的使用部门，必须在商品处贴防盗条码，必须通知并申请防损部协助贴放工作。

第三条　为做好保密工作，防损部贴放条码，应与各部门做好相关手续，尤其是单独操作时应核实数量及型号等，贴放好后及时返还楼面。

第四条　防盗条码如有质量问题，应立即向防损部管理人员反映，及时进行更换。

第五条　防盗条码只能作为商品的防盗之用，不能挪作他用。

第六条　商品贴放条码以不影响销售和商品的外观形象为原则。

第七条　贴放的数量要适当，分布要均匀，比例要得当，并注意调试贴放的效果。

六、接、报案制度

第一条　为确保商场（卖场）的财产利益的安全，有效打击违法犯罪，特制定本制度。

第二条　全体员工（包括厂家促销员）交接班（包括早班、晚班）时，应认真执行交接班制度。认真清点所辖区域的商品，发现商品丢失后，立即查明丢失商品的品牌、货号、外部特征、单价数量、商品摆放的位置等详细情况，并立即报告楼面主管，同时尽量保护现场。如发现商品丢失后不报或想当然认为商品已卖完等情况的，一切后果由当事人负责。

第三条　楼面主管在接报后，应立即赶赴现场，并通知事故处理中心进行现场勘察。

第四条　若早班上班点数时发现商品丢失，必须在开门前报防损部。

第五条　超过开门时间报案，即视为营业期间报失，并按相关规定处理。

第六条　晚班营业终止前点数应由双人复核，发现商品短少或丢失时，应立即报防损部；发案部门人员留场待初步调查后方可下班。

第七条　报案人要对所报案负责，不得谎报；如发现报假案的，将给予严肃处理。

第八条　卖场发生的各类事故，都应及时报告防损部事故处理中心，由事故处理员进行处理。

七、对偷窃人员的处理规定

第一条　不得对当事人进行搜身、人格侮辱，更不得殴打和体罚当事人。

第二条　谈话时间（包括年、月、日、地点）、问话人、旁听人和记录人，要在谈话笔录本中填写清楚。

第三条　被谈话人的具体情况（姓名、性别、年龄、职业、住址），要在谈话笔录本中填写清楚。

第四条　谈话笔录必须采取一问一答的形式，并按原意记录清楚，问话内容举例如下：夹带了什么；怎样带的；价格多少；放置在什么位置；行为的性质；是否接受处罚，等。

第五条　记录要点如下：谁；在什么时间；什么地点；报警器是否报警；所带商品经过收银台付款了没有；是不是放在工作人员看不见的地方，等。

第六条　谈话笔录工作完毕后，要让被谈话人阅看笔录。如果确认记录无误，要让其在笔录末尾写上"以上记录看过，属实"字样，并签上姓名、日期、按上右手食指清晰的红泥指印，以示负责。

第七条　对未成年当事人，应尽可能通知其监护人到达，协助处理。对偷窃数额较大的人，做好笔录，经领导同意后交派出所处理。

八、关于索赔的规定

第一条　每个带入办公室的嫌疑人员，都必须做笔录。

第二条　笔录纸统一印刷，由财务室盖章签字、编号，由防损部内勤登记，发给防损领班使用；对于涉嫌的内部员工用材料纸做笔录，并由保卫部主管（经理）盖章，内勤编号。

第三条　笔录各项目必须填写完整，询问人本人要签字，对于索赔金额及实际金额均需注明，并由交款人本人填写并复印。

第四条　索赔金额到位不足时，必须由主管、领班共同签字，同时注明原因；主管不在时，由值班主管审核。

（1）主管审核后交领班登记，内勤在登记本上签字，同时在账本入册。

（2）当天的索赔金额必须交内勤；如内勤不在，则第二天上交，同时说明原因。

（3）报损商品必须当天下班前交内勤。

（4）报损商品必须由窃损人员先购买，再交罚款；若现金不足以交罚款金额，可以所购品抵押。

（5）收到罚款后于48小时内将款项交财务部，经审核后开收据，返还防损部内勤。

九、没收商品的返还规定

第一条　没收的商品统一由防损组领班，或者指定的负责人集中统一保管存放。

第二条　所有没收商品必须注册登记在没收商品的记录上，内容包括商品的数量、描述、代号、单价及经手人。

第三条　严禁防损员私自使用、占用私藏没收的商品，一经发现，严肃处理。

（1）每天下班前（22:00），必须将当天所没收的商品返还。各部值班主管领回商品时，要在返还清单上签字，确认商品已返还。

（2）没收商品的处理以不影响商品的销售为原则。对已损坏的商品，除要当事人按规定赔偿外，尽可能让当事人按原价买回；如没收商品属生鲜类商品，尽可能在第一时间返还生鲜部，以避免商品的损坏而影响销售。

（3）做好没收商品的归类和记录工作。

八、实用性防盗技巧

（一）商场超市商品安全管理

（1）凡是与有价值商品相关联的设施、设备，都属于商品安全管理范畴。

（2）严把商品质量关，收货部要对所进商品质量负责，坚持开箱抽样检查制度，必须要核对商品的品名、规格、数量、单价，认真把好商品验收关。

（3）商品入库要做到轻拿轻放，商品码放要整齐，垛与垛之间最少要有30cm距离，隔墙离地，便于通风，按先进先出的原则存放商品，防止商品积压、过期而造成损失。

（4）商品上架，严格按陈列原则进行陈列，方便顾客拿取，减少商品破碎现象。

（5）商场超市内租赁联营厂家，需购买商场超市商品进行加工制作，或者原料中与商场超市商品相同的，进入卖场前报至防损部登记并粘贴赠品标识。凡不按规定程序办理，一经发现，将按偷拿商品进行处理。

（6）遇有下雨、下雪天时，要对雨具的售卖设专人看护，临时改为区域收款。可根据实际情况改变临时售卖处（可把雨具挪出商场超市，在明显处售卖），在此一定要挂出明示牌，提示顾客或利用广播向顾客宣传。

（7）收银员要严把收款关，本着对商场超市和顾客高度负责的原则，除带有密封包装的商品外，凡是能够打开包装的商品，都必须打开包装，核实检查里面是否有藏匿商品的情况，主要包括：箱包、学生包、带盒装的物品、散装生鲜品、食品类，以及商品本身即为器皿的，如：大口径的锅和瓶胆等。

（8）所有进入商场超市的管理人员、场内职工、后勤人员，未购物出商场超市或走员工通道，都必须自觉接受保安人员的检查。

防损部在强化商场超市商品安全管理，防止商场超市商品流失的同时，也要加强店内治安、消防及安全生产工作的监督检查，杜绝各类责任事故的发生。

（二）商场超市入口和未购物出口管理

（1）禁止顾客携带不符合商场超市规定的包进入自选区。

（2）禁止顾客携带商品（指与商场超市所经营的同类商品）进入自选区。顾客退换商品，应提示顾客到服务台办理退（换）货手续，严禁顾客携带商品进入自选区自行退换。

（3）禁止顾客携带与本商场超市经营有关的食物及饮料等商品进入自选区内（如果顾客食用的东西本商场没有经营，也应尽量避免顾客携带进入，并婉言谢绝，态度不能强硬）。

（4）凡在本区域收款位置购买商品的顾客，在途经未购物出口时，商场超市防损员或保安员，必须对顾客所购买商品与交款凭证（机打小票）进行认真核对，确认无误后，在机打小票上作上标记，表示商品已出自选区。

（5）遇有本区域收款带有箱、盒包装的商品，从未购物出口经过时，防损员或保安员必须打开包装查验（原封包装未打开的除外），防止其他商品携带出店。

（三）商品、物品进出商场超市管理

（1）商品、物品（包括出租、联营厂家）进入商场，必须经过收货部的验收、检查，收货部应严格按照流程收货、验收。

（2）需要办理退货、调拨出门的物品或商品，必须有收货部的"机打商品退货单",防损部签发的"商品临时出场申请单",保安员在核查确认无误后签字确认。

（3）商品需要换货的，必须在卖场入口内完成，不得将商品拿出卖场换货。

（4）凡从卖场清除的废弃包装物品，都必须拆开码平，不得捆扎，经保安员检查无误后方可出场。

（四）商场超市开场管理

（1）门店应规定统一开场时间。开场前，防损员、保安员及夜间值班人员，应共同对现场进行巡视检查，在履行交接班手续后，保安员应按指定位置上岗。

（2）对于生鲜、日配、熟食品等需提前入场的人员，应划分区域并设定保安人员上岗巡视。

（3）禁止任何人员提前进入现场，特殊情况需由防损部门同意后，方可入内。

（五）商场超市封场管理

（1）要进行两次封场，当听到晚静场结束语后（各位员工请暂时放下手中工作站到指定位置），值班防损员统一自其他楼层进入卖场，分区域对全场进行清查，提示顾客营业已经结束，并跟随顾客付完款。

（2）通知防损员第一次静场结束，防损员通知晚静场结束，各部组开始打扫本部组卫生，打扫完卫生后，保安员进行第二次清场，督促现场员工从指定位置退出卖场。

（3）如遇晚上有装修或其他工作的，保安部必须安排相应的保安看护。

（六）员工通道管理

（1）门店应根据实际情况，设定员工专用通道，严禁在员工通道内存放商品、物品及私人物品。

（2）上下班时，进出营业现场，必须按规定经员工专用通道进出，其他出入口一律禁止穿行。上班时间可以走各层员工通道，下班必须走员工专用通道。

（3）员工进出营业现场，不得带包（手包、拎包、挎包等）、饭盒（盆）、水杯等私人物品进出（即现场不得存放私人物品）。

（4）员工进出营业现场，应严格遵守商场超市有关规定，并自觉接受保安员检查。

（七）员工购物管理

（1）员工购物需要在规定时间内进行，即下班时间和吃饭时间，当班期间不得购物。

（2）下班后及吃饭时间购物时需摘掉工帽、工卡。

（3）员工无论何时购物，都必须在指定的收银机处付款，即以一层收银台结账付款。

（4）员工所购商品必须存放在私人更衣柜内，不得存放在营业现场，并保留购物小票备查。

（5）收银员不得在本收银台为家庭成员或亲属结账。

（6）员工不得购买清仓商品，不得藏匿促销或限购促销商品，不准到库存区域选取商品。

（7）所有员工在现场不得存放私人物品。

（八）商场超市奖赠商品管理

（1）所有进入卖场的奖赠商品，一律由收货部负责对奖赠商品验收登记。

（2）收货部负责清点赠品数量，到防损部领取"赠品标签"。

（3）收货部和防损部共同监督部门或厂家人员，将赠品逐一粘贴"赠品标签"。

（4）收货部和防损部认真填写赠品标签使用登记表，备查。

（5）赠品标签由防损部统一保管、发放。

（6）所有赠品标签统一粘贴在赠品的条码处，如果无条码，则统一粘贴于赠品的底部，便于收银员核查。

（九）商场超市商品临时出场管理

（1）有商品临时出场需求的部门，员工到防损员处领取"商品临时出场申请单"。

（2）部门员工逐项填写"商品临时出场申请单"，本人签字，部门主管或楼层经理以上人员签字，如填写错误需换单，则必须将作废单返回防损员处换取新单。

（3）临时出场的商品，当日闭店前部门必须将其返回卖场。

（4）防损部每日闭店前检查"商品临时出场申请单"的商品回场情况。

（十）商场超市收银台区域巡视管理

（1）收银台出口前设定的防损员、收银主管，必须加强对收银区域的监督与管理，加强日常巡视，定期对收银员的收款过程进行检查，并核对收银机数据与收银款金额是否相符。

（2）禁止顾客从收银口进入自选区，礼貌提示顾客从自选区入口进入自选区。

（3）禁止未购物顾客从入口处出卖场，礼貌提示顾客走未购物出口。

（4）禁止顾客把未付款的本店商品携带出自选区，礼貌提请顾客到收银台交款。

（十一）商场超市防损员现场巡查管理

（1）防损员必须履行安全防损岗位职责，对内外人员的行为、商品售卖的过程和卖场设施设备的运转等实施全方位监控。

（2）防损员按设定的岗位，着便装准时上岗，对本区域管辖范围的消防设施、防盗设施和安全生产情况，以及用火用电的重点部位、出入口等进行安全检查，并及时做好巡查记录。

（3）防损员在巡查过程中要高度警惕，洞察周围可疑人或可疑事，一旦发现有盗窃嫌疑迹象的人，要沉着冷静、保持距离，保证行窃者在监控视线中，在掌握确凿证据的情况下将其抓获，及时由门店防损部进行处理。

（十二）商场超市收银员点款、交款安全管理

（1）各店应明确收银员交款时间和路线（按指定收银员交款专用通道）。

（2）收银员在交款前，应整理好本台钱款和票证，并将钱款和票证放入收银员专用口袋中，听从前台防损员指挥再离台交款。

（3）收银员交款时，必须由保安人员或防损员护送到指定位置（要求一名收银员由一名保安员或防损员护送）。交款途中收银员、保安员或防损员必须提高警惕，不得在途中停留或办理其他事宜。

（4）收银员必须在指定区域内点款，点款区域必须有保安员看护，其他人员不得停留或穿行。

（5）收银员遇大宗购物或钱款较多时，必须通知店内防损人员，由防损人员安排护送临时交款。

（6）收银员每天取、存钱的口袋，必须做登记（封包备用金登记本）。

附：小偷迹象的经验总结

以下几类人员可能是商场超市盗窃嫌疑者。

① 衣着宽大、异常的人；

② 走路不自然、略显臃肿的人；

③ 拿着商品互相比较的人；

④ 折叠商品、压缩商品体积的人；

⑤ 东张西望，观察周围环境比挑选商品还细致的人；

⑥ 在卖场内逛几圈又回到原来位置的人；

⑦ 从商品盒下面打开包装的人（探囊取物，直接将内物取走）；

⑧ 短时间内多次出入卖场的人；

⑨ 拿了商品不加详看就走的人；

⑩ 不买商品故意叫走工作人员的人；

⑪ 扮成孕妇的人；

⑫ 几个人同时进入卖场又分开者；

⑬ 购买与自己身份和消费层次不相匹配的人；

⑭ 将体积较小商品用钱包或报纸覆盖的人；

⑮ 不将小商品放进购物车内的人；

⑯ 将随身携带的包裹打开的人；

⑰ 称完散货后将封口撕掉的人。

第二节　商场超市防劫

一、抢劫及抢劫犯

抢劫是一种危险的犯罪，极有可能对受害人造成伤害。从商场超市角度看，伴随抢劫的暴力对员工和顾客构成了很大威胁。

一般来说，抢劫是指使用武力、以武力相威胁或使用暴力，使受害人置身于恐惧之中，从而夺取或试图夺取他人所照看、保管或控制的财物的行为。

1. 职业抢劫犯

指拥有一定的技巧，并经过周密计划的专业抢劫者。职业抢劫犯一般不愿动用武力，只有走投无路时才可能失去控制，而且通常采用劫持人质的方法。这类抢劫犯通常为男性，甚至有前科。他们很懂抢劫的要点，包括掌握一定的观察方法，估算一天内不同时间段商场超市的现金存量，了解商场超市的关门步骤，店内及商场超市与银行之间的现金处理过程，而且通常选择一个易于逃跑的商场超市。

2. 非职业抢劫犯

指除了职业抢劫犯以外的抢劫者。非职业抢劫犯的特点为：很少或根本没有什么计划就去抢劫；为少量的钱、物去冒很大的风险；比职业抢劫犯更趋暴力。

二、抢劫犯选择商场超市的原因

抢劫犯选择商场超市的主要原因是商场超市有现金，缺乏无声警报系统，易脱逃，缺乏防范措施。事实上，不管是职业的，还是非职业的抢劫犯，总是希望能快速出入目标和逃脱。通常商场超市大都在靠近前端售货区设办公室，前门附近设收款机。这样，抢劫对商场超市所造成的损失大小，就取决于一两个收款机里的现金量。如果对收款机里的现金控制手段不健全，损失就可能很大。

三、抢劫犯确定目标的方式

不论是职业的或非职业的抢劫犯，在犯罪前都会对若干个潜在目标的收益和风险进行评估，其中有理性的抢劫犯会选择风险最小、物有所值的目标进行突然袭击。

（一）商场超市外部观察

通常抢劫犯会对商场超市外部进行如下细致的观察。

（1）开关门步骤，员工对可能发生抢劫的警觉性，以及开关门所安排的人数。

（2）根据全天进入商场超市的顾客数量来概算收款机里的现金数量。

（3）营业快结束时段，后门的安全性；关门前，员工在后门区域的活动情况；在后门附近躲藏的可能性及照明情况对躲藏的影响。

（4）现金从银行到商场超市或从商场超市到银行途中的运送方式。

（5）距目标最近警报点的位置。

（6）逃跑路线的情况。

通过对上述因素的观察，抢劫者估计出目标商场超市每日和每周的销售额。通过店外观察发现其疏漏之处，从而确定和实施抢劫方案。

（二）以购物者的名义在店内观察

（1）在遇到质问时，假装寻找休息室，走进商品存储和加工区，目的是查看通往后门的逃跑路线。

（2）查看摄像机及报警系统。

（3）以大额钞票支付一次购物款，旨在了解大额钞票的处理方法及所放位置；观察放置现金的抽屉，估算现金量。

（三）权衡实施抢劫的可能性

根据观察获取的信息来权衡袭击目标的可能性，从而作出行动与否的决定。实施抢劫的可能性由如下 4 个因素决定。

（1）是否容易逃跑。

（2）是否有一定数量的现金值得去冒险。

（3）有没有报警系统。

（4）员工有没有执行正确的现金处理程序。

了解劫匪确定目标的方式，以便防范劫匪抢劫。

四、商场超市避免抢劫风险的措施

（一）开门时应采取的防抢劫措施

（1）最少有两人开门。

（2）察看周围是否存在有人强行闯入迹象。

（3）若有危险，一个人要与店门保持一定的安全距离；另一个人进入店内。

（4）若有强行闯入迹象或发现可疑者，应尽快与警察联系。在警察赶到之前，任何员工不应进入店内。

（5）一名安保员应按既定路线，查看店内有无可疑者或危险分子。

（6）同组的另一人要知道店内查看所需的时间，若察觉到危险，店外的人应立即通知警察。

（7）进店查看的员工应走到店外发出"警报解除"信号，如果是从店内发出这种信号，店外的人应立即通知警察。

（8）如果"警报解除"不在原定时间，没有以原定方式发出，店外的人不要进店，应立即通知警察。

（9）在营业前，除让员工和得到许可的厂商促销人员进入外，前门应一直锁着。

（10）应由门店经理或经理助理开启后门。

（11）营业前，不要打开放钱的保险柜，不能让陌生人进入店内。

（二）关门时应采取的防抢劫措施

（1）要求员工在关门前的时段内，对店内或徘徊在店外的可疑者保持警惕。

（2）除保安人员外，任何人不得独自待在店里，至少要两个或更多的人锁门后一同离开。

（3）除出现紧急情况外，禁止夜班人员以任何理由开启后门。

（4）闭店后应由专人对店内彻底检查，以防有藏匿者。

（5）到关门时间，不论店内顾客多少，应锁上入口的门。

（6）到关门时间，待顾客全部离店后，再锁上出口的门，切忌将钥匙放在门锁上。

（7）禁止在每晚最后一段营业时间内开启后门。

（8）掌握数码保险柜密码的人不能同时掌握钥匙。

（9）关门时，若掌握数码保险柜密码的人在店里，则带钥匙的人不能留在店内。

（10）关门后，不要让顾客或陌生人以任何理由再进入店内。

（11）最后离开的员工要保持高度警觉。

（三）闭店后再开门时预防抢劫的措施

（1）只允许指定的带钥匙的人再次进店。

（2）每个被指定的需要再次进店者，应备有一张包括如下内容的电话号码单：

① 天然气公司；

② 修配锁者；

③ 警报安装公司；

④ 电力公司；

⑤ 警察部门；

⑥ 电话公司；

⑦ 自来水公司；

⑧ 保安经理和保安部门员工；

⑨ 消防部门；

⑩ 玻璃安装者；

⑪ 业主、运营者、经理、经理助理；

⑫ 冷冻设备服务公司。

（3）无论打来要求进店的电话是否被证实，都应与警察取得联系。

（4）快到店前时，若警察未到，则应隐蔽于无危险处。

（5）你离家前，应将自己准备返店的事情通知另一位员工，并告知其回店的原因及预计回家的时间；事后应将是否回到家中的情况再电话告诉被通知的员工。被通知的员工在预定的间内若没有你的消息，应打电话到你家核实。如果你不在家，被通知员工应立即与警察联系。倘若你把回店一事告诉了家庭成员，那么，你在预定时间未归，家人应立即通知警察。

（四）收银台下保险柜的避险措施

在收银台下安放保险柜是一种保证过量现金避险的应急措施。尽管经常取走收款处或终端的现金，有助于让收款机里的现金保持在最低限额，但是往往不能完全做到这一点。比如，在营业高峰时期，前台管理人员取走过量现金就不现实。此时，收银员可将所有大额钞票及过量现金放在收银台下的保险柜里。如果使用小保险柜的话，很容易从安放处运到现金办公室打开。切记，要从该保险柜取现金需用另一把钥匙。

最好的避险措施是使用能安装延迟锁的保险柜，增加安全性。延迟锁保险柜将钥匙插进去并转动后，通常有 10 分钟左右的等候时间。使用该锁能够拖延抢劫犯在现场滞留的时间，从而可能争取更多的有效捕获时机。

（五）避免现金堆积所招致的风险

（1）保持收款机里现金在一定限额以下。

（2）高峰时期，前台管理人员对收银机进行例行检查，并取走过量现金。

（3）营业结束时，应把结余现金分散开，避免办公室内和保险柜外存放大量钱款。

（4）每天至少一次，最好多次去银行存钱，手头现金尽可能少，并限制在保险额度内。

（5）保险柜内不隔夜存放大量现金，能维持第二天开业即可。

（六）向银行运送现金时避免风险的措施

（1）将现金与支票分装在不同袋子里。

（2）将袋子放进手提箱或其他熟悉的包里。

（3）从保险柜里取钱之前，将运送钱的车辆开至店前。

（4）开两辆车去银行，一辆运现金和支票；另一辆起护送作用。

（5）去银行的时间应随机应变，切忌固定规律化。

（6）向银行运送现金前，需谨慎对待；应事先计划好去银行的不同路线，路线必须是畅通无阻的街道。

（7）每次往返银行走不同路线。

（8）尽可能在白天到银行送款，若确实需要天黑之后去银行，也应尽量增加护送者或得到警察的押送。最好能够保证两辆车同行，抵达银行时，一个司机应驾车绕银行外面转个圈，以确定是否安全；然后，第二辆车再开到存款处。护送者应保持一定的距离以确保安全，同时也要保证随时救险，降低发生抢劫和人身伤害的风险。

（9）运钞车和护钞车都应将门窗关闭。

（10）如果发现危险迹象，应迅速驶离该区域，到最近的派出所请求护送。

（11）运送的现金不能超出保险额度。

（12）如果离银行较近，可由一个人存款，但应有专人在店内观察，直到送款人进入银行。在此期间若发生意外，应立即通知警察。最好别让女员工往返银行送现金，即使确有需要，也应驾车护送，切勿形成规律。

（七）防止保险柜发生风险的措施

（1）留足应急用的现金，把所有闲钱都锁进保险柜。

（2）应有计划地开启保险柜，切忌随时开启。

（3）保险柜不能只上普通锁，应同时使用密码锁一同锁闭。

（4）在无人照看的情况下，严禁保险柜敞开。

（5）闭店前30分钟，保险柜里的分隔间应锁上。

（6）在保险柜内放上一捆"诱饵"，并记下这捆钱里的每一张钞票的顺序号和年系号码。

（八）向店内运送现金时避免风险的措施

（1）往返银行要随机变更时间和路线。

（2）若兑换零钱的金额较大，则要有两辆车护送。

（3）直接将车停在店前，把钱拿进店后再将车驶离，停在固定处。

（4）钱款入店后应立即放进保险柜，同时，相关人员应在30分钟至1小时内离开现场，绝不能少于30分钟，以减少被抢劫的机会。

（九）如何防止抢劫

抢劫者的目标是针对现金或高单价的商品而来，因此，对于现金及高单价的商品要特别防范。对于抢劫事前的防范，其要点大致如下。

（1）高单价的商品必须陈列在明显的地方，方便员工或保安员照看。

（2）高单价的商品陈列量不宜太多。

（3）在不影响卖场气氛或不影响销售的情况下，高单价的商品可陈列在装锁的橱柜内。

（4）收银台的现金、零用金不能存放太多，达到某一个数字时，应即转到保险柜里，或转放至较为安全的地方。

（5）晚班人员少带现金或金饰，以免让歹徒起歹念。

（6）晚上若有值勤人员，绝对不能偷懒，应随时保持警戒。

（7）设有保全装备商店，必须遵守保全措施的使用规则，并确实执行；如遇有状况，必须立即赶到商场超市处理。

（8）保险柜的密码不让不必要的人知道，以避免歹徒强迫职员说出。

（9）商场超市内部重要钥匙需要有号码控制，并请专责人员管理。

（10）职员或收银员对有可疑行为的顾客，必须立即设法告诉管理人员知悉，以作防范。

五、如何处理抢劫事件

若是发生抢劫事件，当事人应保持冷静，并作最恰当的反应及保护措施。要重点注意以下事项。

（1）遇抢时，需保护门市人员的安全，不做无谓抵抗。

（2）设法告诉其他人员抢犯人数及被抢的情形。

（3）保持冷静，设法记下歹徒的特征（表 7-1），如身高、口音、服装、体重、面貌、武器式样等。

表 7-1　歹徒的特征表

项目	内容	备注
时间		
地点		
歹徒人数		
年龄		
身高		
性别		
身材		
脸型		

项目	内容	备注
发型		
上衣		
裤子		
鞋子		
身体特征		
口音		
面貌特征		
抢劫工具		
抢劫用车		
抢劫装备		
逃逸方向		
损失财物		
设备毁坏		

（4）设法尽快报警。

（5）歹徒所碰过的商品或走过的区域，要给予封锁，以便查证。

（6）清点财物，将损失核算后呈报商场超市经理。

（7）若有报案，必须到警局做笔录，且取得报案证明。

第三节　商场超市防骗

骗子到店内购物，会利用机会向门市职员或收银员诈骗钱财，特别是新进职员或对商品认识不够是让骗子得逞的主因。

一、商场超市多见的欺诈行为

节假日、购物旺季，很多不法分子会利用这一忙碌时机对商场超市进行诈骗活动，为了提前做好预防工作，以免给商场超市及工作人员造成不必要的损失，特总结以下几点，以备不时之需。

（一）扮成有钱人和政府职能部门工作人员诈骗商品

这部分人穿着讲究，直接找商场超市工作人员要求购买大批商品，并要求工作人员将他们需求的商品搬至收银台外，有的承诺在收银台验完货后付款，有的则答应到单位后付款。待货搬到出口时，他们又以需要其他商品为由，想尽一切办法支走现场工作人员，等现场无人看守时，立刻提上贵重商品溜之大吉（如烟、酒、化妆品、营养品）。

（二）利用假烟、假酒骗专柜的同类商品

作案人一般2～3人，一个人假装顾客购买高档次烟酒，并要求员工把所选购的烟酒放在柜台上或按他的要求用塑料袋包好，总之，通过提出各种要求让员工离开；如无法下手，另一人就上前提出买某种商品支走员工，待专柜区无员工时，作案人会用事先准备好的假烟假酒进行调包，待员工转身时，又以钱不够或需要商量为由马上离开，有的甚至还交代员工暂不要动已选购好的商品，他们会马上回来购买，员工信以为真（因为商品放在柜台上原封不动），等下班对商品进行清理时才发现已上当受骗。

（三）利用买贵重商品付款时抽取现金

作案人一般购买贵重商品（如珠宝、烟酒，因为这些商品涉及金额大），待付完款等收银员清点完准备放入收银柜时，又以金额不对为由要求重新清点，待收银员把钱交给他之后，他会当着收银员的面清点，趁机将一部分现金抽取（一般人很难看出），数完之后又马上交给收银员，收银员认为时间很短，且顾客没有动用现金，就毫不防备地重新放入收银柜，这样作案人只花了一小部分钱买走了贵重商品。

（四）地痞流氓勒索恐吓的处理

在自由经济体制下，要维持百分之百的治安，实在是一件困难的事，因此，地痞流氓利用机会恐吓勒索的事件偶尔会发生。在处理此种案件时，商场超市安全管理工作人员有责任采取一系列积极的措施，一般处理的原则大致如下。

（1）处理人员应避免言语的冲突，说明自己的立场，表明自己只是一个职员，不能动用任何金钱，否则必须赔偿。

（2）设法留下对方的地址、电话、姓名，并且立即设法呈报上级，请求必要的协助。

（3）处理人员必须很有耐性，且坚定自己的立场，绝不妥协，表明自己也只是普通职员，请给予同情。

（4）若情况严重，可以施展拖延手法，并请警察人员协助处理。

（5）一般店铺均设有保安人员或守卫人员，此时这些人员就需要给予协助。

（6）若勒索者系采用打电话方式，可以加以录音追踪。

（7）恐吓者若以"人身"安全为恐吓手段时，则商场超市必须提高警惕，加强防范，做好员工及商场超市内部的各项安全工作。

有些顾客在本商场超市购物后，若商场超市所售的商品有缺失，也会借机要求高额赔偿。商场超市一旦遇到此种顾客，最佳的处理方式是立即登门拜访，了解商品后作合理的解释；若需退货、退钱，应立即处理。

此外，顾客的诈骗手段还有以下几种。

（1）使用伪钞购物。

（2）调虎离山，制造诈骗机会。

（3）以少骗多。

（4）商品未结账，采用"半抢"的方法。

二、商场超市常见欺诈的预防措施

（一）欺诈事件有两个共同特点

（1）作案场所为单独收银的柜台。

（2）作案时一般为专柜的贵重商品。

店面领导和防损部门，首先要加强对这些重点岗位员工的培训；其次，由于作案者善于利用商场超市工作人员想增加销售的想法，易无防备地满足顾客提出的各种要求，也使得案件发生的可能性大大提高，因此要对现金的交易过程进行全程跟踪，当然现场的员工也要提高警惕，预防欺诈。

（二）预防欺诈的基本方法

（1）在商品没入柜台前，不要接待另一名顾客，除非现场还有员工协助。

（2）在对方没付现金之前，不要将商品不加看管地放在柜台上或交给顾客。

（3）不要一味地满足顾客提出的要求，特别是这些要求有明显的支走员工的意思，这时可以通知同事给予帮助。

（4）当接待的顾客当中携带有背包、塑料包裹时，要特别留意。

（5）当顾客要求重数现金时，必须通知同事到场作证。现金拿回来时必须要求同事在场，放入现金柜之前重新清点一遍。

（6）当同时面对几个顾客时，最好不要把贵重商品放在柜台上，若需放在柜台上，也应高度警惕，不要受其他人干扰。

（7）当顾客将不要的商品退回时，必须要打开商品进行检查，除非顾客没接触到商品。

（三）防范顾客伪钞购物

防范顾客使用伪钞购物时，职员应重点注意以下事项。

（1）门市职员及收银员在收取顾客大钞时，应首先注意其纸质色、安全线及浮水印。

（2）若发现有伪钞的嫌疑，立即请收银员再详细检查一遍，再告知顾客。告知时需注意应对言词，不要直接指出顾客持有的是伪钞，先告知此张可能是伪钞，然后再告知检查方法，最后再请顾客换新的大钞来付账或用信用卡付账。

（3）若会计人员或财务人员将门市现金转存入银行、信用合作社或邮局，才发现收到伪钞时，应设法取得金融机构的证明文件，作为出纳现金盘损的依据。

顾客诈骗手段除伪钞外，其余方式也就是利用门市管理疏忽而达到诈骗目的，通常有如下几种情况。

（1）顾客利用大甩卖时，要求更换商品，当工作人员在仓库里寻找商品时，店里收银机的现金或店内商品可能已被偷走。

（2）顾客利用客人很多的场合，故意以价格较低的商品报账，而顾客实际所取走的商品是尺码较大、较贵的商品。

（3）顾客利用很多人急着报账时，故意进行虚假报账。

以上所述种种诈骗行为，通常均可从管理制度上加强监管要求，并对职员加以训练，把损失减少到最低程度。

三、商场超市常见欺诈事件的处理

当发生欺诈事件后，处理事件时应注意以下两点：

① 通知保险公司到现场，以便事后索赔；

② 必须向当地派出所报案，当事人要向公安机关如实反映作案人的体貌特征、作案工具，以及相关责任人的处理过程。

第四节 内部安全管理

为了加强安全防范工作，维护卖场内部的安全，应做好商场超市内部安全管理工作，其内部安全管理主要包括以下内容。

一、开（关）店的安全管理

商场超市必须对开、关门的作业加以规范，以确保卖场的夜间安全保障，其管理内容如下。

（1）开（关）店必须由特定人员（如店长、副店长，或其他管理人员）在规定的时间进行开（关）保全设定，并依照正常的规定作业程序进行开（关）门。负责人员除了必须在记录表上加以记录并签名外，还必须附有至少两位人员的附属签名作证明。

（2）开店后，当值主管应检查正门入口、后门、金库门及所有门窗有无异状，要确保一切正常，没有被破坏的迹象。

（3）关店前应做好以下事项。

① 清点现金，检查收银机、金库、店长室，并且上锁。

② 除必需的电力外，其他不必要的电源应关掉，所有插头也应拔起。

③ 检查店内每一角落，包括：仓库、作业场、机房、员工休息室、厕所等，防止有人藏匿于店内。

④ 员工安全检查。例如检查员工携带公司的手提袋及物品。

⑤ 开（关）门时应提高警觉，注意周围有无可疑状况。

二、锁匙管理

（1）店门、店长室和金库的锁匙应有备份，并分别交由正、副店长或业务相关人员妥善保管。未经许可，不得任意打造复制钥匙。

（2）金库的保险锁密码应只有必要的相关作业人员知道。当商场超市店长或副店长换人时，应随时更换保险锁密码，以防止意外事件的发生。

（3）所有锁匙均应编号，以利管制，当发生不法事情时，便于追查责任。

三、金库管理

（1）新、旧店长交接后，必须立刻将金库密码重新设定，并且只有店长、副店长二人知道。

（2）金库室（店长室）为机密地方，除必要人员以外，其他不相关人员不可随意进入。

（3）金库门应随时关上并上锁。

（4）店长每天上班后、下班前，首要任务就是检查金库门有无上锁和异状发生，如有任何问题，应立即向上级反应。

四、防职务侵占

职务侵占针对的对象主要是内部员工。

（1）定期抽检员工的储物柜，以及携离商场超市的手袋及物品。员工储物柜仅能放置私人物品，不准放置任何公务用品、易燃物（如汽油、瓦斯、爆竹等）及非法物品，以防范员工的侵占行为。

（2）定期抽验收银员、商品验收人员、负责现金处理的主管的作业情况，避免发生工作人员借着职务上的便利，侵占商场超市钱财，或图利于亲友。

五、停电应急处理

由于有些地方的电力管理仍不完善，而电力又是商场超市必备的营业条件，一旦停电，不但会加速低温商品的损坏，使其营养缺乏，而且会导致顾客或员工乘机窃取商场超市的财物。因此，商场超市必须针对停电，拟定一套应变作业程序，以减少商场超市的损失。

第八章　商场超市公共安全管理

本章主要介绍了三个方面的内容：一是公共安全管理；二是顾客纠纷管理；三是意外事故管理。

在公共安全管理方面，介绍了卖场陈设安全管理、员工作业安全管理及怎么进行安全检查和安全管理改善。

在顾客纠纷管理方面，介绍了顾客抱怨管理、顾客取闹处理、职业打假人索赔管理。

商场超市意外事故管理，介绍了员工作业意外事故和顾客及随行小孩意外事故的处理办法。

第一节　公共安全管理

一、卖场陈设安全管理

不安全的卖场陈设，易使顾客在购物区域活动时，发生意外事故，因此需要特别注意下列事项。

（1）货品陈列安全。货品陈列过高，或是摆放不整齐时，易因地震或人为碰撞而使商品倒塌或掉落，造成顾客或员工的意外伤害。

（2）卖场装潢安全。商场超市业者为吸引消费者，通常在装潢上投资较大，但是在美观之余，还必须注意其安全性。例如，部分商场超市卖场喜欢利用玻璃作为装饰，但因玻璃制品易碎，不易于清理干净，容易引起严重的伤害事故。

（3）货架装设安全。货架摆设的位置不当、不稳固，或是有突出的角产生，都可能使顾客在购物时发生意外事故。

（4）地面行走安全。地面湿滑或有水迹出现时，若未能立即处理，也会造成顾客在行进时滑倒而受伤。

二、员工作业安全管理

员工作业方式不当，也可能造成顾客或员工本身的伤害。例如，补货作业不当、大型推车使用不当、卸货作业不当造成商品掉落，因而砸伤或压伤顾客和员工。

三、怎么进行公共安全检查

长久以来，商场超市管理者往往只注重内部安全的管理，而忽视公共安全。公共场所意外事故的发生屡见不鲜，绝大部分的事故原因，来自于人为的疏忽。

（一）灾害发生的原因

1. 基本常识不足

商场超市人员缺乏安全常识，在观念上有所偏差。例如，在用电方面，用电量超过负荷和电源使用不当；在工作方面，不良的工作习惯和卖场的设计；在意外伤害方面，不当的医护处理和时效上的延误；在消防设施方面，不知如何操作消防设备和不重视消防设施的维护等。以上都是造成意外灾害的主要因素。

2. 缺乏警觉性

许多意外事故在演变成重大伤害之前，经常是因为员工缺乏高度的警觉性，而导致一发不可收拾的局面。例如，对于小火苗的发生掉以轻心，而演变成大火灾；使用各项器械设施，发现不良或故障情形时不予注意；对于顾客特殊异常的行为或要求不予理会，导致顾客受伤或使店内遭受财务损失等。

（二）建立安全检查体系

有效的安全检查通常由三级构成：卖场监督检查（周检查）、部门经理检查（月检查）、商场超市高层检查（季检查）。

在安全检查中，对工作场所的评估，不仅要关注"整洁"，也要关注"有序"。每一个经理都应关注关键部位和关键设施。

（三）正确实施检查

在实施检查时，按照分区检查表顺序，对各区域逐一进行检查。检查人员要对卖场的上下、左右、前后的各个方位进行审视，找出潜在问题，需要特别关注那些很少有人注意的或很少有人去的地方，消除隐患。

（四）重点检查设备老旧问题

许多商场超市所购买的设备往往摆放多年，既不淘汰，也不做定期检查。例如，各项消防设施、逃生设备、工作器械（补货梯、推车、电气用品等）等。一旦需要使用，却因老旧磨损或已经过期而不堪使用，这不仅危害到公众的权益，也使得内部员工的工作安全得不到保障。

（五）制定改进计划

对于那些被发现的低标准状况或行为，根据其导致损失的可能性和后果的严重性，进行高、中、低的危害分类，分析判断其根本原因是什么，尤其是对于那些重复出现的问题，要找出真正的原因。根据危害分类，对这些问题制定改进计划，高危害性的问题应在较短的时间内解决。如果短时间内不可能解决，则应采取临时防范措施，或至少设法采取措施使危害降至最低。

一个完整的改进行动计划表通常包括的内容有：问题的描述、改进的措施、负责改进的责任人、改进结束期限、预期费用等。此表应传递到所有责任人员，以及相应的领导层，以便进行追踪和在下次检查时审核。责任人员在规定的期限内完成改进后，应报告检查问题追踪人员，以便于其记录，并知悉问题的改进进度。

总之，一个有效的安全检查体系，能帮助管理者及时发现商场超市的安全问题，并迅速作出改进，降低或消除商场超市营运中的风险，最大限度地将损失减少到最低，保持商场超市安全平稳运行，创造最大效益。

四、怎么改善公共安全管理

为了有效预防各项安全管理疏失，可以下列原则作为改善的依据。

1. 事前

（1）妥善规划。根据各项安全管理项目，做好事故预防、处理及善后作业的详细步骤、程序与注意事项。除了做成明确的书面说明之外，还可列出公共安全管理项目检查表，作为商场超市人员作业的依据。

（2）定期教育。定期举办员工安全管理课程，普及员工的安全常识，树立正确的作业处理习惯，加强灾害意识和及时纠正错误的观念。

（3）定期演习。为了让员工充分了解安全知识，并将所学知识积极地应用到实践中去，应定期举办各项演习，以测验员工的安全管理能力，以及临场的应变经验。演习的方式可采取预先知会或临时通知的方式。

（4）定期检查。定期检查商场超市内的各项安全设施及使用器械，对于老旧、损坏或过期者，应立即修复或更换。

（5）培养警觉性。养成员工发现问题，立即反映的习惯，良好的警觉性是减少意外事件发生的有力保证。

2. 事中

（1）沉着冷静。无论发生何种状况，都必须保持沉着冷静的态度，凡事不可轻举妄动，以确保自身安全为首要条件。

（2）迅速且适当处理。根据事前所做的各项安全作业指示，分别各就各位，执行自己的任务。

3. 事后

（1）事故原因的追查。找出意外事件的导火线，对于导火线背后的真正原因也要一并追查。

（2）责任的追查。清查相关人员的责任，不仅可以对尽职的员工实施奖励，也可对失职人员有所警惕。

（3）补救措施的建立。针对事故的原因，迅速采取各项补救措施，避免日后发生类似事件。

第二节　顾客纠纷管理

一、顾客抱怨管理

在卖场发生顾客抱怨的概率最大。引起顾客抱怨的原因很多，其大部分来自于服务层面。如售货员服务态度不佳、售货员措词错误、商品价格刊登错误、卖场标示不清、店内清洁卫生太差、商品售后包装不佳、送货时间未按照约定送达、商品不给予退货、商品品质出现瑕疵、商品品质标示不清或错误、对于会员卡的优待不符规定、持信用卡购物的处理速度太慢或处理方式错误、发放赠送品错误、停车不方便等。

对顾客抱怨进行管理时，应根据事情发生的原因进行分析，了解顾客要求的满意程度，在处理此类事件时应注意以下几点。

（一）处理原则

（1）注意倾听，尤其顾客语气很大，情绪激动时，更不要去辩解，只需要以谦虚的态度聆听即可。

（2）在听取顾客意见时，态度要认真，并随时示意表示有同感，不可嘲笑，若气氛良好，则可以微笑倾听方式，来化解顾客抱怨。

（3）倾听顾客抱怨后，应抓住适当时机或顾客怒气渐消后，再向顾客道歉，并说明原因。

（4）在现场尽可能地解决顾客的问题，若不能现场解决顾客要求的问题，也应该委婉解释，请示上级后，再给予书面答复或电话答复。

（5）对于顾客抱怨的事情，不管当场解决或事后解决，一定要作记录存档，并呈报上级。

（二）处理时的注意事项

在处理顾客抱怨时，有以下三项内容必须特别注意。

（1）留下该顾客的资料及抱怨的原因，一方面，作为以后教育训练新员工的注意事项；另一方面，告知员工此顾客再度光临时要特别小心，注意做好服务工作。

（2）若顾客恶意勒索时，不应当场给钱，应采取事后解决的方式处理。

（3）需要上级给予协助处理时，应设法告知上级人员真实状况，让协助处理人员能够打圆场。

二、顾客取闹处理

（一）顾客取闹的原因

分析顾客取闹的原因，大致上有以下几种：

① 商品发生问题；

② 价格错误；

③ 销售职员服务态度恶劣；

④ 顾客遗失物品要求赔偿；

⑤ 顾客在现场受到伤害，要求赔偿；

⑥ 顾客被认为小偷之嫌。

以上诸问题，关于商品发生的问题较复杂，再归纳如下。

（1）商品未使用，在本商场超市购物，要求原物退回；或在其他商场超市购物，在本商场超市要求按原物退回。

（2）商品已使用过，要求退回。

（3）商品已损坏，要求退回。

（4）送礼的商品，顾客拿来要求退回。

（5）顾客购买商品回家后，因后悔而要求办理退回。

知悉顾客取闹的原因后，若错误是在卖场一方，则卖方应尽量满足顾客条件去处理事情；如果部分是卖场一方的责任，部分也为顾客的责任，或全部是顾客的责任时，卖场一方仍应以"顾客第一"的观念来面对，并妥善处理此类事件。

（二）处理顾客因故取闹的原则

（1）设法让顾客了解这是他的错误。

（2）卖场一方赔偿损失以最少为原则。

（3）起初，由中低级主管先行处理。若中低级主管解决不了，再由最高级主管处理。

（4）注意与顾客处理（谈判）的技巧，要事先想好计划、考虑周详。

（5）处理结果尽量让顾客满意。

（三）处理顾客因故取闹的程序

（1）先了解现场取闹事件的原因。

（2）将顾客带离现场。

（3）跟顾客理性沟通，若无法沟通，再请上级处理。

（4）金额不大时，可以考虑当场将事情解决；若金额数目较大，请更上层的管理人员处理。

（5）顾客的要求相当不合理时，可以请保安部门协助处理。

三、职业打假人索赔

职业打假人发现商场超市有问题商品，于是大量购买，然后到监管部门举报、索赔，这是商场超市需要面对的又一种安全难题。

【案例】 2015年12月，高先生在逛昆明某超市时，发现超市卖的一款玛咖酒属于无证产品。随后，他连续3天都来超市，一共购买了164瓶玛咖酒。这种酒198元一瓶，高先生一共花了3万多元。

这款酒是某生物公司销售的，是委托某酒厂生产的。该酒厂的生产许可证产品名称为白酒，有效期至2015年1月19日。

买到酒后，高先生向相关部门投诉、举报了这家超市和生产厂家，这两家单位都受到了行政处罚。2016年8月，高先生又以超市销售的玛咖酒未取得食品生产许可证为由，诉至人民法院，要求超市退还货款并支付货款5倍的赔偿金。

2017年7月底，人民法院一审支持了他的全部诉讼请求，判令超市退还货款，赔偿15多万元。

维护食品安全是商场超市义不容辞的业务，如果参与售假，风险是巨大的。为此，首先商场超市绝不能销售伪劣假冒商品；其次，如果发现顾客有异常购买行为，要尽快查清其所买货物是否有问题，如果有问题，就要及时进行处理。

第三节　商场超市意外事故管理

一、员工作业意外事故

商场超市员工在作业时应小心谨慎，预防发生下列类似的意外事故。

（1）员工在摆放物品时，因陈列架上的物品堆积太高而倾倒，砸到自己并受伤。

（2）员工弯腰搬动整箱的饮料时，不小心扭伤腰。

（3）员工在刮开果酱的纸箱时，不小心刮伤自己的手。

（4）装在生鲜作业场的电壶器等电器固定螺钉松动，没有立刻锁紧，有一天突然掉落致使员工受伤。

（5）员工在进行消防训练时不认真，边玩边操作，致使高压水龙头掉落打到脚，使脚指头骨折。

二、顾客及随行小孩意外事故

（1）冬天在店面前用水清洗而没有擦干，致使地面结冰，营业时导致顾客跌倒受伤。

（2）顾客在店内奔跑，小孩突然冲出而跌倒，引发受伤。

（3）顾客将幼儿放在手推车里，因专心选购而疏于照看幼儿，幼儿自己站起来从车上跌落而受伤。

（4）利用台车代步，失去平衡摔倒致使手脚骨折。

（5）站在脚搭子上陈列悬吊架上面的货物时，不小心掉落打到正好经过的顾客或随行小孩，致使对方受伤。

以上这些事故在许多商场超市都曾经发生过，为了预防顾客及随行小孩发生意外事故，员工在日常工作中就要认真做好安全工作，小心行事。

第九章　商场超市突发事件应急处理

突发事件应急处理是商场超市必须面对的问题，因为自然灾害、治安事件、意外事件的产生是不以人的意志为转移的，因此，政府要求稍大一些的商场超市都要成立意外事故领导小组，制定突发事件应急处理制度和作业流程。本章介绍了商场超市意外事故领导小组的设立及职能，以及火灾、台风、暴雨、高温等恶劣天气，人身意外事故，营业时间内突然停电，匪徒抢劫收银台，暴力及骚乱事件，发现可疑物或可疑爆炸物及群体事件等的应急处理方法。

第一节　突发事件的类型

突发事件主要有以下类型。

一、自然灾害

1. 火灾

火灾有一般火灾和重大火灾之分。

2. 恶劣天气

恶劣天气指台风、暴雨、高温等天气。

二、治安事件

1. 抢劫

抢劫是指匪徒抢劫收银台或顾客的金钱。

2. 盗窃

盗窃是指偷盗者在商场超市内盗窃财物的行为。

3. 示威或暴力

示威或暴力是指由于政治性原因引起的游行示威行动。

4. 骚乱

卖场内或进出口处发生骚乱。

5. 爆炸物

卖场内发现可疑物或可疑爆炸物。

6. 威胁（恐吓）

卖场收到信件、电话等威胁或恐吓。

三、意外事件

1. 人身意外

人身意外指顾客或员工在卖场内发生人身意外。

2. 突然停电

突然停电是指在没有任何预先通知的情况下，在营业时间内突然停电。

第二节　商场超市意外事故处理机构及工作程序

在商场超市卖场安全管理的主要项目中，绝大多数都属于临时发生的状况。虽然卖场平时已有相当完善的防范措施，但还是会有一些无法控制的因素产生，例如，员工的疏失、外力的突发，或是天灾的降临而导致意外事故的发生。

因此，为了尽力避免和降低财物损失以及人员伤亡，必须根据商场超市现有人力编制"应急处理小组"，以便在事故发生时，能够迅速应变处理，针对重点进行有效的灾变抢救作业。

一、成立意外事故领导小组

商场超市必须预先成立紧急应变小组，各部门必须将"突发事件应急处理小组"（以下简称"应急小组"）的组织名单、岗位分配列成名册送总部备案。突发事件应急处理小组成员可以与消防组织结合起来，其组织机构如图9-1所示。

1. 总指挥

由卖场经理担任，负责指挥、协调救灾现场的作业，掌握全局事态的发展动向，并及时向总部汇报事态发展状况和处理结果。

2. 副总指挥

由安全部经理或主管担任，协助卖场经理指挥，执行各项任务，负

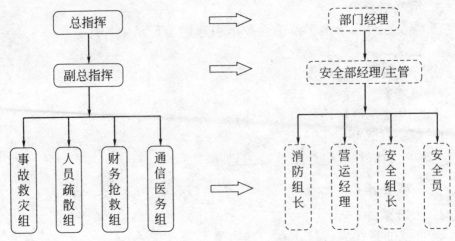

图 9-1　突发事件应急处理小组组织机构图

责对外报案及内外通信联络，负责截断所有电源，实施临场全面的救灾工作，控制灾情的进一步扩大。

3. 事故救灾组

组长由消防组长担任，主要负责各种救灾设施和器材的现场分发、使用，水源的疏导，障碍物品的拆除，现场具体指挥灭火，配合消防人员抢救人员和物资等。组员主要由消防组员、义务消防员、工程人员等组成。

4. 人员疏散组

组长由运营经理担任，组员由广播员、理货员、保安人员等员工组成。

（1）播音：广播员要及时广播店内灾情的发展状况，语音沉着，语速平缓，不能过分紧张，否则易导致局势难以控制。

（2）打开通道：保安人员要尽快打开所有安全门、紧急出口以及收银通道。

（3）疏散人员：要迅速疏导顾客从安全门出去，正确引导人员进行分流，避免人员过多从一个出口疏散而导致拥挤或事故。

（4）防盗：安全人员要警戒灾区四周，防止他人趁机偷盗商品。

5. 财物抢救组

组长由安全主管或经理担任，副组长由收银主管担任，主要负责抢救收银机区域、现金室的现金，电脑中心的重要文件、软盘和电脑设施等。

（1）收银区域：收银员立即关上收银机，将现款交给抢救组组长带离现场。现金室人员迅速将所有现金、支票、有价证券放入保险皮箱内，由收银主管和安全主管共同带离现场。

（2）电脑中心办公室：电脑部员工应将重要文件、磁盘、设备等带离现场进行保管。

6. 通信医务组

设组长一人，由人事部主管担任。指定专人负责对外报案及内外通信联络等任务，报案的命令必须由店长下达。医务人员负责伤者的抢救和紧急医护任务。一般要求店长将门店意外事故领导小组的人员组成应列成名册，送总部及营运部总监处备案，在相应位置注明各组组长姓名，使每位员工在应急事件中都能明确自己的责任。

二、突发事件应急处理原则

1. 预防为主，计划为先

做好日常的安全防卫工作，消灭隐患，减少紧急事件的发生。

2. 处理迅速、准确、有重点

发生紧急事件后，首先要保持镇静，有序地组织事件的处理，安排事情要责任分明，岗位确认，反馈迅速，一切行动听从指挥，随时调整策略以应付情况的变化。

3. 以人为先，减少伤亡，降低损失

人的生命是最珍贵的，因此所有的救援工作首要任务是保全和抢救人的生命，其次才是减少财物损失。

三、突发事件应急处理程序

以下针对部分重大的安全管理项目，根据处理原则，介绍每一环节应注意的应变程序和步骤。

（一）突发事件处理程序

突发事件主要是围绕着人的事件，包括员工人身突发重大的病、伤、亡或是重大的刑事案件，恶性纠纷等。它具有突然性、特殊性及重大性。

（1）突发重大事件一经发生，当事人或知情人应同时向相关管理部报告。由保卫部和相关管理部协同解决，在解决的过程中，需要向商场超市有关部门求助时，有关部门应主动配合与支持，不得延误和推诿。

（2）在时间不允许的情况下，营业部可以采取边向保卫部报告，边自行处理的方法，对事件直接进行处理。

（3）保卫部在紧急情况下，有权调动一切必要的资源，全权处置后，再进行总结。如有偏差，待处理下次类似事件时，吸取教训。

（4）突发重大事件处理过程中，若涉及商场超市以外的人和事，则统一由商场超市办公室和人事部对外交涉。

（5）突发重大事件的事发报告，过程请示及事后结果报告，统一由保卫部向商场超市领导报告。报告可以由相关部拟定，报保卫部转送；也可以由保卫部拟定直接送商场超市领导。

（6）突发事件经验教训总结及文档管理应注意以下事项。

① 突发事件的起因调查分析，必要时可将分析报告通报给相关人员吸取教训。

② 处理过程政策的把握，对商场超市组织意图的理解方面，哪些做得比较好，哪些做得欠缺，哪些做错了，都要逐一分析建立文档，供其他管理者参考借鉴。

（二）台风侵袭处理制度

1. 防台风准备

（1）制定全年防台风计划，落实台风处置预案，以及期间当值表及责任人、人员联络名单。

（2）台风季节到来，提前做好防台风准备，查看防台风物资是否齐备、适用，检查并疏通相应管路，组织防台风领导小组人员开会，预演防台风步骤。

2. 台风到来前

（1）接气象部门通知后，通知商户（业主），发出台风公告：告知台风事宜，并提醒客户一些必要安排，告知紧急联络电话。

（2）检查商场超市内设施、设备，重点检查及稳固以下措施：

① 各区域高空悬挂物件是否牢固，有无松脱；

② 各机房（电梯、水泵、电机房等）是否安全，备用电机是否可以随时开动；

③ 天台水箱、天线等物件是否牢固，有无不安全因素；

④ 商场超市内所有管道、阀门是否正常，有无堵塞、渗漏及失灵。

（3）负责检查所有门窗关闭情况，有无各类危险情况（如花盆在窗台，易堕落物件在阳台）。

① 锁紧窗门；

② 玻璃贴上防风胶纸，避免爆裂；

③ 装上防风卷闸或防风板。

（4）建筑物若有维修棚架、围板或吊船等物体在外置放，应检查是否安全及稳固，如有需要移走，或通知施工队做好防风措施。

（5）全面检查商场超市防风措施，查看各处下水道、落水管、雨水渠等，并及时通知清洁部或协助维修部清除可能引起淤塞的垃圾、泥沙及杂物。

（6）备好沙包、雨衣、头盔、水靴、绳索、备用照明等紧急用具，以随时应用。

（7）应加强与部门的联络，加强巡检力度，发现问题及时反映，并督促有关部门改进。

3. 台风中

（1）逗留室内安全位置或进入指定防风处。

（2）如外出，则必须佩带硬身安全帽。

4. 台风后

（1）观察台风消息及预防余风。

（2）照顾受伤人士。

（3）清理受损范围，注意避免受伤。

（4）维修主管巡视商场超市及其周围。

（5）清理淤塞渠口杂物，补充紧急用具。

（6）事后填写事件报告并呈交管理处。

（三）火警处理制度

要建立火灾、火警报告及应急处理制度，规范火灾、火警的处理程序和方法，确保火灾、火警得到及时有效的控制和处理。

1. 职责

（1）保安员负责协助各管理处，对本辖区火灾、火警报告及应急处理程序的制定、演习、实施工作。

（2）各部门负责人，负责组织对本辖区内火灾、火警报告及应急处理程序的制定。

（3）护卫队负责具体的执行工作。

2. 工作程序

（1）报警与确认

① 火警信息。火警信息可以是以下信息：

a. 消防控制中心接收到的火警信息（包括灯亮、声响、消防主机里视频显示）；

b. 护卫队员巡逻或维修工人巡检发现的火警；

c. 顾客的报警信息。

② 火警信息的确认。根据火警信息来源不同，火警信息确认可以按

以下方法处理。

a. 消防控制中心从自动报警系统收到的火警信息，应立即用对讲机或电话通知附近保安员，并赶赴报警现场确认。若属于误报，则应查明误报原因，确认过程中应随时与消防中心联系。

b. 护卫队员巡逻或维修工巡检发现火警时，应立即报告消防控制中心或直接上报主管，并按火警、火灾处理方法进行处置。

c. 顾客报警。公司任何人员或部门接到报警时，应立即用最有效的手段报告消防控制中心，并按火灾、火警处理方法进行处置。

（2）火警、火灾处理原则

① 已经确认的火警，应在第一时间内向消防控制中心和"119"台报警。

② 立即组织并开展扑灭火灾、火警的工作。

③ 积极疏散所受影响的住户，抢救被困人员。

④ 将易燃、易爆物品迅速转移，远离火源。

⑤ 尽力抢救公司财产和保护商户生命财产。

（3）火灾、火警处理办法

① 公司任何人员发现火警，应立即就近取用灭火器材，迅速扑灭火警。

② 若火警有发展趋势，应一边扑救，一边与消防中心和物管处相关人员联系。

③ 取用灭火器材时，应正确选用灭火器（根据物质的燃烧特征），以免用错灭火器，使死火复燃。

④ 若是机房、电气设备发生火警，应先切断一切电源，并选用"1211"干粉和 CO_2 灭火器材直接喷射火源处；如果是有油的电气设备（如变压器、油开关）着火时，立即用干燥的黄沙，盖住火焰使火熄灭；装有自动灭火装置的场所，可直接开启自动灭火装置，施放药剂灭火。

（4）火灾扑救及现场控制

① 消防控制中心，根据预先制定的灭火预案，立即组织灭火和对现场进行控制，消防控制中心主管应亲临指挥，具体要求如下。

a. 向"119"台报警，并派队员到必经路口引导。

b. 通知护卫队，紧急组织队员赶赴火灾现场。

c. 通知护卫队员赶赴火灾现场进行疏散，救护被困人员，抢救财产，协助灭火。

d. 通知维修工断开相关电源，开启自动灭火系统、排烟系统、防水泵，保证消防供水。

② 火灾现场及影响区人员的疏散。

a. 有条件的商场超市，应通过消防应急广播通报火灾情况，有序引导群众疏散。

b. 护卫队员应迅速通知顾客，引导顾客有序疏散。

③ 扑救注意事项。

a. 消防控制中心应遵守《消防系统操作标准作业规程》，将火灾单元的电梯迫降到低层，以防消防队员扑救火灾使用。

b. 扑救工作，应有组织地进行，在公安消防队未到达前，消防控制中心主管是在场的最高领导，负责火灾现场的指挥，调动一切人员，利用所有消防设备器材开展扑救工作。

c. 公安消防队到达后，消防控制中心主管或在场最高领导，迅速向公安消防队指挥员报告火情，移交指挥权，组织所有参战人员，配合扑灭火灾。

④ 交通管制和现场治安的维护。

a. 护卫队主管应亲临现场，组织并指挥所属队员，对火灾现场进行交通管制和现场控制。

b. 撤出或移走妨碍消防或救护车辆通行的障碍。

c. 阻拦与救火无关的人员进入火灾现场或影响区，防止火场中物品被盗窃。

d. 看管被抢救的公私财产，在火灾扑灭前严禁任何人转移。

e. 保护现场使用的消防器材、装备正常使用。

⑤ 疏散及转移物资。

a. 护卫队主管应带领属下队员协助安顿、疏散顾客，协助运送火场中被困或受伤人员。

b. 进入火灾现场撤出易燃物品，抢救公私财产。

（5）火灾扑灭后的处理。

① 消防控制中心主管及相关人员，应配合消防部门对火灾现场进调查、分析，评估火灾造成的损失，填写《火灾火警事故报表》，组织对灭火预案的可靠性和有效性进行讨论，必要时进行修改。

② 护卫队长应组织队员，对抢救出来的物品进行确认、领取，以及转移到仓库保存。

③ 商场超市领导应该对受灾商户进行安慰，以及帮助商户解决实际问题。

④ 总经理应召集参与实施灭火扑灭的部门负责人，总结灭火工作的经验及教训。

⑤ 工程部应对消防设施进行一次检查和清点，对已损坏的设备进行修复或提出 补充申请。

第三节　突发事件应急处理方法

发生突发事件后，商场超市必须按照应急处理方法及时进行处置。

一、火灾

（一）报警程序

1. 火警的级别

商场超市发生火灾，有一般火灾和重大火灾之分。根据卖场内的实际情况，划分为三种火警级别：一级火警，即有烟无火；二级火警，即有明火初起；三级火警，即火灾从时间和空间上难以控制。安全部接到报警后，应根据现场情况判断火警的级别，进行相应的处理。

2. 火警的报告

（1）商场超市的任何工作人员发现火情，都可以向安全部控制中心报警。

（2）拨打安全部的内部紧急电话或报警电话，如附近无电话、对讲机等通信设备，应迅速找到就近的消火栓，按动消火栓里的红色手动报警器，向控制中心报警。

（3）报警时应说明发生火灾的准确区域和时间，燃烧的物质、火势大小，报警人的姓名、身份，以及是否有人员受伤等。

3. 火警的确认

（1）控制中心接到消防报警信号后，应立即确认报警区域，派两名保安人员迅速赶到现场查看，迅速对火警的级别进行确认。

（2）一人留守现场进行救火指挥工作，如组织人员使用现场消防器材进行扑救，如能将火扑灭，保留好现场，等候有关部门或负责人的到来；另一人则立即通知商场超市的管理层、工程部等相关部门。

（3）如属于误报，应及时做技术处理，通知控制中心将机器复位。

（4）如属于捣乱谎报火警，则通知控制中心将机器复位，并报告安全部查找有关人员。

（二）灭火程序

（1）在通知卖场应急处理小组后，立即拨打"119"报警电话。

（2）应急处理小组人员听到消防警报后，应迅速赶到安全部，立即按"突发事件应急处理小组"的预案，确定行动方案，快速行动，各司其职。

（3）各个部门，在完成各自的职责后，服从"应急处理小组"的统一指挥和调配，协同配合，进行灭火、疏散、救助工作。

① 安全部应迅速启动自动喷淋灭火系统，关闭非紧急照明和空调，开启排烟风机，疏通所有安全门和消防通道，启动火警广播，组织人员有秩序地进行人员疏散、灭火、财产抢救、伤员救助等工作。

② 消防系统第二次报警后，安全部人员守住门口，无消防人员许可，人员一律不准进入火灾现场。

③ 安全部指派人员维持卖场周围广场的秩序和道路通畅，到指定地点引导消防队车辆的进入。

④ 工程部赶赴现场进行抢险，对配电房、中心机房、消防泵等重点部位，实行监控等必要措施。

⑤ 人员疏散应由指挥中心统一指挥，管理人员要协助维持秩序，疏散顾客安全撤离到安全区域。

⑥ 收银主管立即携带现金、支票撤离到安全区域，尽量避免财产的损失。

⑦ 电脑中心人员要保护重要文件、软件、设备，迅速撤离到安全区域。

⑧ 总务行政等后勤人员备好车辆供抢险小组用，有条件的将毯子、枕头等救护物品准备好，供抢救伤员用。

（4）火灾扑灭后，安全部要检查消防系统的运行情况，迅速查访责任人，查找火灾起因；工程部协助从技术角度查找火灾起因，通过对机器、数据、资料进行收集分析，由消防安全调查人员撰写正式报告，并根据财产和人员的伤亡情况，计算损失，迅速与保险公司进行联系，商讨有关赔偿事宜。

（5）制定灾后重新开业的工作计划和方案。

二、台风、暴雨、高温等恶劣天气

（一）恶劣天气的预报

商场超市安全部应每日关注天气情况，不仅是为了防范恶劣天气带来的灾害，更是为了做好顾客服务工作的一种体现。一般的恶劣天气，由气象部门预报的预警信号来体现。

（二）台风处理

沿海地区每年均有台风季，因此台风的处理方式需要事前告知，其一般处理原则如下。

（1）台风来临前，公司的招牌、看板、水管、屋顶等均必须检视，并加以牢固，以免被风吹落。

（2）仔细听取台风消息，在确定时间后，要求商场超市的重要管理人员、养护人员及守卫员不能休假，以便处理紧急状况。

（3）收银台平时应备有手电筒，在台风来临前应检查一次，以备急需。

（4）商场超市内部若设有自动照明灯，应在台风来临前再检查一遍。

（5）一旦发生台风，即刻加强水电管理，防止水电不通。

（6）台风期间，不管是否营业，白天及晚上均需要有管理人员留守。

（7）台风天是否上班营业，应视气象预报情况，由商场超市的最高主管在台风来临前或视风力大小作决定，同时也应告知顾客。

（三）热带风暴的处理程序

热带风暴通常伴随着台风和暴雨，在接到热带风暴的预报后，应做好如下工作。

1. 准备工作

（1）将天气预报的告示贴在员工通道或饭堂等明显位置。

（2）检查户外的广告牌、棚架是否牢固，广告旗帜、气球是否全部收起。

（3）检查斜坡附近的水渠是否通畅，有无堵塞。

（4）撤销广场外的促销活动展位，收起供顾客休息的太阳伞。

（5）准备好雨伞袋和防滑垫，在暴雨来临时使用。

2. 现场处理

（1）门口分发雨伞袋，铺设防滑垫，入口、出口门关闭一半。

（2）保证排水系统良好通畅，下水道不堵塞。

（3）密切注意往低洼处进水的区域，将商品或物件移走，以防止水灾造成财产损失。

（四）淹水处理

门店设立的地点若在低洼地区，或是遇到台风季节，或是设在海边的店面，均应做好预防淹水的准备，一般的注意事项如下。

（1）首先拔掉靠近地面的电源，防止漏电伤人；若雨水很大，必须关掉总电源。

（2）贵重的商品应移至较高位置。

（3）将重要的单据、报表、发票收集起来并装箱封好，防止丢失或渗水。

（4）检查仓库商品，如库存量多，则应注意加强防渗水措施。

（5）水退后，维修人员应彻底检视开关、电线、机台等是否安全，待检视通过后，才可开机运转。另外，管理人员必须查看商品是否应报废或清洗，并快速整理，以便恢复营业。

三、发生人身意外事故

（1）当发生人身意外事故时，要第一时间进行报告；若顾客发生意外，应报告客服经理、安全主管；若员工发生意外，则要报告该部门管理人员、安全主管，并办理工伤处理程序中的相关手续。

（2）如遇顾客（尤其是老年人、残疾人、孕妇及儿童）晕倒或突发疾病，应立刻通知相关人员进行必要的急救处理，并迅速拨打急救电话"120"，请派救护车，由场（店）内人员送顾客到医院就医。

（3）如属意外伤害、重大伤害时，员工应立即到医院就医，顾客应在客服经理的陪同下立即到医院就医，将具体情况及时上报门店经理和总部，以便更好地处理善后赔偿事宜。

四、营业时间内突然停电

卖场在营业时间内突发停电，常会造成卖场秩序混乱、商品丢失等问题，要及时采取措施。

（一）停电

（1）立即起用备用发电机，保证卖场照明和收银区的作业。

（2）只能使用紧急照明灯、手电筒等照明器具，不能使用火柴、蜡烛和打火机，以及任何明火照明。

（3）若收银机不能运转，收银员应立即将收银机抽屉锁好，并坚守岗位。

（4）收货部应立即停止收货。

（5）现金室停止工作，将现金全部放入金库锁好。

（6）保安人员立即对卖场的进口、出口进行控制，在暂时不知道停电时间长短时，先劝阻顾客暂不要进入。

（7）启动广播，安抚顾客，管理人员协助安全部维持现场秩序，避免发生混乱和抢劫等；若需要停业关店，应做好顾客疏散工作。

（8）生鲜部限量加工商品时，所有电力设备都应关闭电源，所有冷库立即封门；若停电时间过长，陈列在冷柜中的商品要移入冷库中保存。

（9）所有人员坚守岗位，各部门管理层要派人员，对本区域内的零散商品进行聚集处理。

（10）工程部应立即询问停电原因及停电时间长短，卖场经理根据实际情况决定是否停止营业。

（二）来电

（1）全店恢复营业，各部门优先整理顾客丢弃的零星商品，并将其归位。

（2）生鲜部门检查商品品质，将变质商品立即从销售区域撤出，并对损失进行登记、拍照等。

五、匪徒抢劫收银台

（一）收银员应对措施

① 保持冷静，不做无谓抵抗，尽量让匪徒感觉正在按他的要求去做。

② 尽量记住匪徒的容貌、年龄、衣着、口音、身高等特征。

③ 尽量拖延给钱的时间，以等待其他人员的救助。

④ 在匪徒离开后，第一时间拨"110"报警。

⑤ 立即凭记忆用文字记录，填写"抢劫情况登记表"。

⑥ 保护好现场，待警察到达后，清点现金的损失金额。

（二）保安人员应对措施

（1）保安人员在发现收银员被抢劫后，趁匪徒不注意时，第一时间拨"110"报警。

（2）对持有武器、枪支的匪徒，不要与其发生正面冲突，保持冷静，在确认可以制胜时，等待时机将匪徒擒获；尽量记住匪徒的身材、衣着、车牌号、颜色、车款等。

（3）匪徒离开后，立即保护好现场，禁止触摸匪徒遗留物品。

（4）匪徒离开后，将无关人员疏散离场，将受伤人员立即送医院就医。

（5）不允许外界拍照，暂时不接待任何新闻界的采访。

六、暴力及骚乱

（1）若发现商场超市内有人捣乱，要立即通知保安人员到现场制止。

（2）阻止员工和顾客围观，维持现场秩序。

（3）拨打"110"报警，将捣乱人员带离现场，必要时送交公安机关处理。

（4）对捣乱人员造成的损失进行清点，由警察签字后留作证据。如有重大损害，要通知保险公司前来鉴定，作为索赔的依据。

（5）发现任何顾客在商场超市内打架，都要立即拨打内部电话，通知保安人员到现场制止。

（6）不对顾客的是非进行评论，保持沉着、冷静，要求顾客立即离开商场超市。

七、发现可疑物或可疑爆炸物

（1）发现可疑物后，要立即汇报管理层（总经理、值班经理、安全部经理）。

（2）经卖场经理或在场最高负责人许可后，立即打"110"报警。

（3）不可触及可疑物，划出警戒线，不许人员接近。

（4）疏散店内人员和顾客，并停止营业。

（5）静待警方处理，直至危险解除，再恢复营业。

八、群体事件的应对

当商场超市门店附近有团体举办活动，其活动内容已危及治安，且有破坏到本店面的可能时，要立即呈报上级；若情况危急，已明显破坏到本店的各项设备或抢夺店内商品时，应立即拉下铁门，防止暴徒伺机破坏，待群体活动或暴力事件结束后，再恢复营业。

若群体活动过于激烈，已破坏到本店，或有人在店内滋事，应立即报知公安机关，要求协助处理。

参 考 文 献

［1］ 黄福华．现代连锁店超市经营管理实务．长沙：湖南科技出版社，2002．
［2］ 赵凡禹．超市连锁经营．北京：企业管理出版社，2003．
［3］ 冯金祥．超级市场营销知识．北京：中国劳动社会保障出版社，2003．
［4］ 文大强．零售经营实务．上海：复旦大学出版社，2004．
［5］ 侯章良．现代商场、超市、连锁店管理全集．北京：中国言实出版社，2001．
［6］ 余凯．仓储式超市经营管理实务．广州：广东经济出版社，2002．
［7］ 侯章良．超市管理实务手册．北京：人民邮电出版社，2005．
［8］ 刘军．卖场管理手册．北京：中国发展出版社，2011．
［9］ 杨哲，方敏．商场超市安全与防损管理．深圳：海天出版社．2004．
［10］ 李楠，刘乔．商场超市安全与防损防盗．北京：化学工业出版社．2009．
［11］ 匡仲潇．图解商场超市防损与安全管理．北京：化学工业出版社．2017．